LAS MUJERES DEL NUEVO TESTAMENTO

Sus vidas son nuestra esperanza

PÍA SEPTIÉN

One Liguori Drive ▼ Liguori, MO 63057-9999

Imprimi Potest:
Harry Grile, CSsR
Provincial de la Provincia de Denver
Los Redentoristas

Publicado por Libros Liguori
Liguori, MO 63057-9999
Para hacer pedidos llame al 800-325-9521.
www.librosliguori.org

Cataloging-in-Publication Data on file with the Library of Congress.

ISBN 978-0-7648-2102-8

Las citas bíblicas son de *La Biblia Latinoamericana: Edición Pastoral* (Madrid: San Pablo, 2005).

Traducción al español del *Catecismo de la Iglesia Católica: Modificaciones basadas en la Editio Typica,* © 1977, United States Catholic Conference, Inc.—Libreria Editrice Vaticana. Usada con permiso.

Libros Liguori, una corporación sin fines de lucro, es un apostolado de los Padres y Hermanos Redentoristas. Para más información, visite Redemptorists.com.

Impreso en Estados Unidos de América
16 15 14 13 12 / 5 4 3 2 1
Primera edición

ÍNDICE

▼ ▼ ▼ ▼ ▼ ▼ ▼

Introducción ► 5

I. Mujeres que reconocen a Dios en un pequeño niño

Capítulo 1:   María, madre de Jesús y de los hombres ► 8

Capítulo 2:   Isabel madre de Juan el Bautista y familiar
de la Virgen María ► 20

Capítulo 3:   Ana, la profetisa, mujer que supo reconocer a Dios
en un recién nacido ► 30

II. Mujeres que reconocen la grandeza de Dios

Capítulo 4:   La ofrenda de la mujer viuda que deposita en la alcancía
del Templo todo lo que tenía para vivir ► 42

Capítulo 5:   Marta y María, amigas de Jesús ► 53

Capítulo 6:   Lidia, mujer que abrió su corazón y
su casa a Jesús ► 66

Capítulo 7:   María Magdalena, primer testigo
de la Resurrección ► 76

III. Mujeres que experimentan el amor y la salvación de Jesús

Capítulo 8:   Una mujer que padecía flujo de sangre desde hacía
doce años y su encuentro personal con Jesús ► 90

Capítulo 9:   La samaritana, mujer que se convierte de corazón
en seguidora de Jesús ► 102

Capítulo 10: La fe y perseverancia de una mujer no judía ► 115

DEDICATORIA

▼▼▼▼▼▼▼

"Un regalo del Señor son los hijos" (Sal 127:3)
dice el Salmo y mi experiencia lo confirma.

Dedico este libro con todo mi amor a nuestros cuatro hijos, por quienes pido a Dios diariamente les otorgue la gracia de amarlo con toda su alma hasta el último instante de sus vidas. Y doy gracias a Dios por nuestro quinto hijo, Juan Bosco, quien trajo, con su breve vida, una infinidad de lecciones de amor a nuestra familia.

INTRODUCCIÓN

▼▼▼▼▼▼▼

Este es el segundo libro de la colección *Las Mujeres en la Sagrada Escritura,* el cual es editado por Libros Liguori con una inmensa alegría y con el propósito de suscitar en los lectores un encuentro con el Dios vivo.

Está escrito a manera de charla informal, de corazón a corazón. No busca ser un libro académico, sino más bien pretende ayudarnos a reflexionar, ya sea de manera individual o en grupo, en las vidas de algunas mujeres que aparecen en el Nuevo Testamento; mujeres que vivieron en la época de Jesús como María Magdalena, o poco después, como Lidia. Algunas quizás le conocieron personalmente y platicaron con Él, como Marta y María, otras lo reconocieron como Dios aun antes de nacer, como Isabel.

Durante la lectura descubriremos qué fue lo que vieron estas mujeres en Jesús y qué las llevó a seguirlo, y también percibiremos lo que Él vio en ellas; quienes, como nosotros, estaban necesitadas del amor de Dios.

Este libro se termina con el capítulo dedicado a María, madre de Dios y de los hombres, nuestra santísima Madre del Cielo, para que sea su ejemplo el que nos llevemos al terminar el libro.

I
MUJERES
QUE RECONOCEN
A DIOS EN
UN PEQUEÑO
NIÑO

CAPÍTULO 1

▼▼▼▼▼▼▼

MARÍA
Madre de Jesús y de los hombres

Te saludamos y te invocamos con las palabras del ángel «Llena de gracia» (Lc 1:28), el nombre más bello con el que Dios mismo te llamó desde la eternidad. «Llena de gracia» eres tú, María, colmada del amor divino [...] Providencialmente predestinada a ser la madre del Redentor e íntimamente asociada a él en el misterio de la salvación.

«Llena de gracia» eres tú, María, que al acoger con tu «sí» los proyectos del Creador, nos abriste el camino de la salvación. Enséñanos a pronunciar también, siguiendo tu ejemplo, nuestro «sí» a la voluntad del Señor.

Un «sí» que se une a tu «sí» sin reservas y sin sombras, que el Padre quiso necesitar para engendrar al Hombre Nuevo, Cristo, único Salvador del mundo y de la historia.

Benedicto XVI a la Inmaculada en la Plaza de España,
viernes 8 de diciembre de 2006.

Objetivo

A María, nuestra santísima Madre del Cielo, se le puede estudiar desde muy diferentes ángulos, ya que es el mejor modelo de apertura total a la voluntad de Dios. En este capítulo haremos hincapié en María como madre de Dios hecho hombre y como madre nuestra.

Texto bíblico

▶ María, la madre de Jesús en las narraciones de la infancia. Lc 1:26-56 Lc 2:1-52
▶ María, la madre de Jesús en las bodas de Caná. Jn 2:1-12
▶ María, la madre de Jesús al pie de la cruz. Jn 19:25-30

Introducción al personaje

Muchos libros y numerosos capítulos se han escrito sobre la santísima Virgen María. ¡Y con el favor de Dios muchísimos más se escribirán!

Este libro termina con un capítulo dedicado a María, madre de Jesús y madre de los hombres. ¡Hermosa tarea la que nos espera! Leeremos y reflexionaremos en el comportamiento de María como madre de Jesús, para así poder comprender cómo actúa como madre nuestra.

María con su testimonio de madre amorosa, que estuvo siempre presente en momentos importantes de la vida de Jesús, nos muestra cómo es posible amar a Dios sobre todas las cosas y a la vez estar presente en la vida de los seres que Dios nos ha encomendado. En el caso de María, fue su hijo Jesús. En nuestro caso es nuestro conyuge, los hijos, padres, hermanos, amigos, compañeros de comunidad o de trabajo.

Desarrollo de la historia bíblica

Al tener como objetivo de este capítulo estudiar a María como madre de Dios hecho hombre y madre nuestra, nos enfocaremos en tres momentos trascendentales de su vida:

A. La Anunciación
B. Las bodas de Caná
C. Finalmente, su presencia al pie de la Cruz.

María en la Anunciación

Esta hermosísima historia bíblica se inicia con la Anunciación del ángel Gabriel a María, quien con su "sí", cambió el curso de la historia de la humanidad. De ahí en adelante, la vida de María se ve íntimamente unida a la de Jesús. Y la de Jesús a la de María.

Lo primero que se nos especifica son los personajes de la historia. Una joven, virgen, llamada María; un varón, llamado José, que era de la familia de David, con quien María estaba prometida en matrimonio; y el ángel Gabriel que había sido enviado por Dios. Tres personajes y una gran historia.

Se presenta el ángel a María y le saluda, diciéndole el piropo más bonito que se le puede decir a una persona: "Alégrate, llena de gracia, el Señor está contigo". (Lc 1:28). Ni más ni menos, que Dios mismo, el Señor de señores, y Rey de reyes, está contigo. ¡Y además, estás llena de su gracia!

"María quedó muy conmovida al oír estas palabras, y se preguntaba qué significaría tal saludo" (Lc 1:29). ¿Conmovida de oír lo que le decía el ángel y no de su presencia? Esto nos dice mucho de cómo era la relación de María con Dios. Probablemente tenían una gran cercanía que hacía que la presencia del ángel no la inquietara, sólo sus palabras.

A lo que el ángel le contesta: «No temas, María» (Lc 1:30). Estas palabras del ángel siguen siendo tan válidas como aquel día.

"No temas", Dios sabe lo que hace. Y como prueba de que todo es posible para Dios, le dice: "También tu parienta Isabel está esperando un hijo en su vejez, y aunque no podía tener familia, se encuentra ya en el sexto mes del embarazo. Para Dios, nada es imposible" (Lc 1:36-37).

¡Para Dios nada es imposible!

María en las bodas de Caná.

Este pasaje de la vida de Jesús es muy famoso y ha quedado plasmado en infinidad de pinturas para la posteridad. Considerado como el milagro con el cual inició su vida pública, este pasaje es frecuentemente leído durante el rito del matrimonio católico.

Se nos cuenta que se celebraba una boda en Caná de Galilea y que allí estaban María y Jesús con sus discípulos.

Antes de proseguir con la historia, es necesario dejar claro que la celebración de una boda en la época en que vivió Jesús, era una ocasión de gran júbilo, no sólo para la pareja, sino para toda la comunidad. Una boda en esa época y en esa región del mundo era todo un acontecimiento, ya que no sólo rompía con la rutina del pesado trabajo que la gente realizaba para sobrevivir, sino que además era un evento que fortalecía a la comunidad. Y una parte muy importante de los festejos era el vino que se servía en la fiesta.

Continuemos con la historia de esta boda, en la que sucedió lo que nadie desea que suceda en su propia boda, ¡se acabó el vino! Es así como María, que se había dado cuenta de lo sucedido, entra en acción. Hay autores que sugieren que probablemente María estaba ayudando en la cocina o en la distribución de la comida cuando advirtió lo sucedido e inmediatamente acudió a su Hijo diciéndole: "No tienen vino" (Jn 2:3b), como diciéndole: haz algo por esta pareja de recién casados, para que puedan seguir festejando con sus invitados este día tan especial.

Jesús le respondió: "¿Qué quieres de mí, mujer? Aún no ha

llegado mi hora" (Jn 2:4). Jesús considera que todavía no ha llegado el momento de revelarse a los hombres como el enviado de Dios. Pero esta respuesta no impidió que se cumpliera el objetivo que tenía María: evitar que los recién casados pasaran vergüenza. Firme en su propósito, dijo a los sirvientes: "Hagan lo que Él les diga" (Jn 2:5).

En el siguiente versículo se nos dice cómo Jesús da instrucciones a los sirvientes para que llenen seis tinajas de agua y luego las lleven al encargado, que sorprendido dice: "Todo el mundo sirve al principio el vino mejor y, cuando ya todos han bebido bastante, les dan el de menos calidad; pero tú has dejado el mejor vino para el final" (Jn 2:10).

Ese día se inicia lo que en adelante será una constante, la intercesión de María ante Jesús por las necesidades de los seres humanos.

¡A Jesús por María!

María al pie de la cruz

El Evangelio de Juan nos narra cómo Jesús, al final de su vida, en el momento de la crucifixión, estuvo acompañado por cuatro mujeres y un discípulo. ¡Todos los demás huyeron!

Se nos dice: "Cerca de la cruz de Jesús estaba su madre, con María, la hermana de su madre, esposa de Cleofás, y María de Magdala" (Jn 19:25). Su presencia al pie de la cruz nos deja ver el amor tan grande que le tenían a Jesús. No puede haber otra explicación coherente al hecho de que alguien se aventurara a acompañar en sus últimos momentos a un crucificado más que el amor, ya que sólo el amor es capaz de ser más fuerte que el temor.

María, una vez más al lado de su hijo, una vez más como compañera y testigo. Con su presencia lo apoya y lo anima a cumplir con su misión.

Pero Jesús, que no se deja ganar en generosidad, y aun en medio de aquel gran sufrimiento, viendo a su madre y junto a ella al discípulo que más amaba "dijo a su Madre: «Mujer, ahí tienes a tu hijo». Después dijo al discípulo: «Ahí tienes a tu madre». Y desde aquel momento el discípulo se la llevó a su casa" (Jn 19:26-27).

¿Qué nos enseña la historia de María?

▶ Nos muestra la grandeza de su fe que la lleva a dar el "sí" que cambia el rumbo de la historia de la humanidad.

▶ Nos enseña que la respuesta de María nace de su gran fe en Dios y de su intención de serle siempre fiel.

▶ Nos anima a tomarnos en serio las palabras del ángel: «No temas" (Lc 1:30). Ésta es una importante lección para nosotros, hombres del siglo XXI, que constantemente estamos preocupados. Nos preocupamos por lo que pasó, por lo que está pasando y por lo que podría pasar.

▶ Nos recuerda que lo que pasó, pertenece al pasado y no podemos cambiarlo, pero sí podemos aprender de ello; que en lo que está pasando, sí podemos hacer algo. En cuanto a lo que va a pasar en el futuro, podemos hacer todo lo posible para que las cosas salgan bien.

▶ Nos enseña a ocuparnos y a no preocuparnos.

▶ A valorar el papel que desempeñó María durante la vida de Jesús, estando a su lado.

▶ Nos revela cómo María está pendiente de las necesidades de las personas y que así como estuvo pendiente de aquella pareja de recién casados, está constantemente pendiente de nosotros.

▶ Nos pone de manifiesto la tenacidad de María, que con toda suavidad, pero con firmeza, pide a Jesús que actúe a favor de los festejados.

▶ Nos muestra que Jesús le hace caso a su Madre.

- ▶ Nos da a conocer cómo María estuvo presente en los momentos alegres y agradables de la vida de su Hijo, como lo fueron su nacimiento o las bodas en Caná y en los momentos difíciles, como la crucifixión.

- ▶ Nos muestra la fidelidad de María, que estuvo con su hijo hasta el final.

- ▶ Nos enseña que el amor es capaz de ser más fuerte que el temor. María estaba ahí, al pie de la cruz.

- ▶ También nos enseña cómo es nuestra madre adoptiva. Una de las últimas frases que Jesús pronunció antes de morir fue: "Ahí tienes a tu madre" (Juan 19:26) Y nos dice el Evangelio que el discípulo desde aquel día se la llevó a su casa.

- ▶ En resumen, nos enseña a valorar a María, como madre de Dios y madre nuestra.

¿Qué nos dice el *Catecismo de la Iglesia Católica*?

148   "La Virgen María realiza de la manera más perfecta la obediencia de la fe. En la fe, María acogió el anuncio y la promesa que le traía el ángel Gabriel, creyendo que «nada es imposible para Dios» (Lc 1:37; cf. Gn 18:14) y dando su asentimiento: «He aquí la esclava del Señor; hágase en mí según tu palabra» (Lc 1:38). Isabel la saludó: «¡Dichosa la que ha creído que se cumplirían las cosas que le fueron dichas de parte del Señor!» (Lc 1:45). Por esta fe todas las generaciones la proclamarán bienaventurada (cf. Lc 1:48)".

149   "Durante toda su vida, y hasta su última prueba (cf. Lc 2:35), cuando Jesús, su hijo, murió en la cruz, su fe no vaciló. María no cesó de creer en el «cumplimiento» de la palabra de Dios. Por todo ello, la Iglesia venera en María la realización más pura de la fe".

144   María como la realización más perfecta de la obediencia de la fe.

165   María como ejemplo de fe.

273   María modelo de fe: "ella creyó que nada es imposible para Dios".

437   Jesús "llamado Cristo" nace de María.

456   Madre de Cristo, por obra del Espíritu Santo.

484   La anunciación de María inicia "la plenitud".

485   María concibe al Hijo Eterno del Padre.

486   El Hijo del Padre, al ser concebido como hombre en el seno de la Virgen María, es "Cristo", el ungido por el Espíritu Santo.

494   María respondió en la "obediencia de la fe".

724   En María, el Espíritu Santo manifiesta presente al Verbo en la humildad de su carne.

726   María, Madre del "Cristo total".

964   Ejemplo de unión con su Hijo.

2030   Ejemplo de santidad.

2064   Ejemplo de esperanza.

2617   La oración de María.

2619   El Magníficat.

Cuestionario para la reflexión personal

▶ Ahora que he leído sobre María, ¿qué aprendí de su obrar? Ojo, no se está preguntando sobre la historia de María, ya que ésta me es familiar, sino sobre el amor que puso en sus actos.

▶ Si a mí se me llegase a aparecer un ángel, ¿qué haría?, ¿qué pensaría? ¿qué me sorprendería? ¿Su aspecto o sus palabras?

▶ ¿Qué tanto vivo preocupado, temeroso, agobiado?

▶ Trazaré una raya a la mitad de una hoja de papel. De un lado escribiré aquellas cosas que me preocupan, pero sobre las cuales no tengo ningún control, por ejemplo, si va o no a llover. Y del otro lado, escribiré aquellas sobre las que sí tengo control; por ejemplo, terminar un trabajo. Se trata de darme cuenta de que hay cosas que me preocupan sobre las que no puedo hacer absolutamente nada, por lo cual el preocuparme por ellas no me lleva a nada. Por otro lado, con la lista de las cosas sobre las cuales sí tengo control, me pondré a ver lo que puedo hacer para que salgan adelante. Así, en lugar de preocuparme, me ocuparé en resolverlas de la mejor manera posible.

► ¿Cómo es mi relación con María? ¿La trato como a una madre? ¿Me pone contento el saber que está pendiente de mí como lo estuvo de Jesús?

► ¿Qué aprendí de cada uno de los tres momentos de la vida de María que se trataron en este capítulo? ¿De la Anunciación? ¿De las bodas de Caná? ¿De María al pie de la cruz?

► ¿Qué puedo hacer para acercarme más a María? ¿Para confiar más en su auxilio como mi intercesora ante Jesús?

Preguntas y actividades para realizar en grupo

► ¿Qué hemos aprendido de María?

► ¿Qué pensaríamos si un ángel se nos apareciera y nos dijera: "Alégrate, llena de gracia, el Señor está contigo" (Lc 1:28-29)?

► San Marcelino Champagnat (1789-1840), sacerdote francés, fundador de los Hermanos Maristas, adopta el lema: «Todo a Jesús por María, todo a María para Jesús». ¿Qué me dice este lema?

► Comentar en el grupo la siguiente propuesta:

▷ El pasado ya pasó, no hay nada que hacer para cambiarlo, lo que sí podemos hacer es aprender de él, por lo tanto, lo vivimos con fe.

▷ En el presente sí podemos hacer algo. Por lo tanto lo vivimos con caridad.

▷ En el futuro sí podemos poner de nuestra parte para que las cosas salgan bien. Por lo tanto, lo vivimos con esperanza.

- ¿Cuántas veces hemos pensado que van a suceder cosas, que a la hora de la hora no suceden y nos estuvimos desgastando imaginándonos lo que nos iban a decir, lo que íbamos a contestar, etc.?
- ¿Cuál es la diferencia entre preocuparnos y ocuparnos?
- En la Celebración Eucarística, inmediatamente después de que recitamos el padrenuestro, el sacerdote dice: "Líbranos, Señor, de todos los males y concédenos la paz en nuestros días, para que, ayudados por tu misericordia, vivamos siempre libres de pecado y protegidos de toda perturbación, mientras esperamos la gloriosa venida de nuestro Salvador, Jesucristo". ¿Qué nos dice esta oración? ¿Nos damos cuenta de que le estamos pidiendo a Jesús paz en nuestra vida para que vivamos libres de ansiedad, inquietud y desasosiego?
- ¿Qué opino sobre la afirmación que se hace en este capítulo "el amor puede ser más fuerte que el temor"?
- Comentar en grupo las siguientes letanías lauretanas:

  ▷ Virgen poderosa, ruega por nosotros.
  ▷ Virgen fiel, ruega por nosotros.
  ▷ Causa de nuestra alegría, ruega por nosotros.
  ▷ Puerta del Cielo, ruega por nosotros.
  ▷ Salud de los enfermos, ruega por nosotros.
  ▷ Refugio de los pecadores, ruega por nosotros.
  ▷ Consuelo de los afligidos, ruega por nosotros.
  ▷ Auxilio de los cristianos, ruega por nosotros.

Propósitos prácticos

- Acudir a María para pedirle que nos ampare. Ella pasó por muchos problemas y dificultades como nosotros y nos entiende.
- Imitar a María en su disponibilidad para cumplir lo que Dios le pide.

- A ejemplo de María, estar al pendiente de las necesidades de los demás, empezando por aquellos más cercanos a mí.
- Acompañar, siempre que se pueda, a nuestros hijos en los momentos y decisiones importantes de sus vidas.
- Tranquilizarme, María está siempre presente en nuestra vida, así como lo estuvo en la vida de Jesús, tanto en los momentos alegres y agradables como el nacimiento de Jesús o las bodas en Caná y en los momentos difíciles, como la crucifixión.
- Rezar el rosario con gran devoción, siendo una oración cien por ciento mariana.
- Aprenderme las letanías lauretanas dedicadas a la Virgen María, para poderlas recitar en cualquier momento o lugar, con el fin de recordar a la santísima Virgen.
- Hablarle a los demás de María, madre de Dios y madre nuestra.
- Buscar libros católicos que nos hablen de María y leerlos.

Oración

Oración de Benedicto XVI a la Virgen de Loreto
1 de septiembre de 2007

María, Madre del sí, tú escuchaste a Jesús
y conoces el timbre de su voz
y el latido de su corazón.
Estrella de la mañana, háblanos de Él
y descríbenos tu camino
para seguirlo por la senda de la fe.
María, que en Nazaret habitaste con Jesús,
imprime en nuestra vida tus sentimientos,
tu docilidad, tu silencio que escucha y hace florecer
la Palabra en opciones de auténtica libertad.

María, háblanos de Jesús, para que el frescor
de nuestra fe brille en nuestros ojos
y caliente el corazón de aquellos
con quienes nos encontremos,
como tú hiciste al visitar a Isabel,
que en su vejez se alegró contigo
por el don de la vida.
María, Virgen del Magníficat,
ayúdanos a llevar la alegría al mundo
y, como en Caná, impulsa a todos los jóvenes
comprometidos en el servicio a los hermanos
a hacer sólo lo que Jesús les diga.
María, [...] Ora para que Jesús, muerto y resucitado,
renazca en nosotros
y nos transforme en una noche
llena de luz, llena de Él.
María, Virgen de Loreto, puerta del cielo,
ayúdanos a elevar nuestra mirada a las alturas.
Queremos ver a Jesús, hablar con Él
y anunciar a todos su amor.
Amén.

CAPÍTULO 2

▼▼▼▼▼▼▼

ISABEL
Madre de Juan el Bautista y familiar de la Virgen María

Señor, Tú regaste los campos de flores
que llenan el aire de aroma y frescor,
cubriste los cielos de inmensos fulgores
y diste a los mares su eterno rumor.
Doquier resplandece tu amor sin segundo;
la tierra proclama tu gloria doquier;
y en medio a esos himnos que brotan del mundo,
yo quiero elevarte mi voz de placer.

OFRECIMIENTO
AMADO NERVO
POETA MEXICANO, 1870-1919

Objetivo

Isabel, la madre de Juan el Bautista y familiar de la Virgen María, es la primera persona que supo reconocer en un pequeñito aún no nacido, a Dios y alegrarse con su presencia.

Texto bíblico: *Lc 1:5-25; Lc 1:36; Lc 1:39-45; Lc 1:57-66*

Introducción al personaje

Lucas dedica los dos primeros capítulos de su Evangelio a los relatos del nacimiento y la infancia de Jesús. Ahí es donde se nos habla de Isabel, que era madre de Juan el Bautista, esposa de Zacarías y familiar de la Virgen María.

De ella habla el ángel Gabriel a María durante la Anunciación, cuando le dice: "También tu parienta Isabel está esperando un hijo en su vejez y, aunque no podía tener familia, se encuentra ya en el sexto mes del embarazo. Para Dios, nada es imposible" (Lc 1:36-37).

La grandeza de Isabel consiste en que fue ella la primera persona que reconoció a Jesús como el Señor, ¡aun cuando todavía no había nacido! Lo que le llevó a decirle a la Virgen María: "¡Bendita tú eres entre las mujeres y bendito el fruto de tu vientre!" (Lc 1:42). Y a preguntarse: "¿Cómo he merecido yo que venga a mí la madre de mi Señor?" (Lc 1:43).

Desarrollo de la historia bíblica

La historia de Isabel la inicia Lucas en su Evangelio presentándonos a Zacarías, que era un sacerdote del grupo sacerdotal de Abías, que estaba casado con Isabel, descendiente de Aarón. Nos dice Lucas que los dos eran rectos y justos ante Dios, y cumplían fielmente los mandamientos y preceptos. Su tristeza provenía de no haber podido tener hijos, porque Isabel era estéril y los dos de avanzada edad.

Aquí es donde Dios entra en acción. Sucedió que a Zacarías, que era sacerdote en el Templo, le tocó en suerte, según la costumbre, entrar en el Santuario del Señor para ofrecer el incienso, mientras que el pueblo permanecía en oración afuera. Estando ahí, se le apareció el ángel del Señor. Zacarías, al verlo, se asustó y le dio miedo. El ángel le dijo: "No temas, Zacarías, porque tu oración ha sido escuchada. Tu esposa Isabel te dará un hijo y le pondrás por nombre Juan. Será para ti un gozo muy grande y muchos más se alegrarán con su nacimiento, porque este hijo tuyo será un gran servidor del Señor" (Lc 1:13-15).

Además, le dio a conocer el bien que haría su hijo: "Por medio de él muchos hijos de Israel volverán al Señor, su Dios. […] reconciliará a padres e hijos y llevará a los rebeldes a la sabiduría de los buenos" (Lc 1:16-17) y así preparar al Señor un pueblo bien dispuesto. En ese momento Zacarías no lo sabía, ahora nosotros sabemos que ese hijo sería Juan Bautista, que prepararía los corazones para la llegada de Jesús, el Mesías.

Finalmente el Ángel se presenta: "Yo soy Gabriel, el que tiene entrada al consejo de Dios, y he sido enviado para hablar contigo y comunicarte esta buena noticia" (Lc 1:19). La buena noticia, ¡nos encantan las buenas noticias!

Así es como se nos anuncia el embarazo de Isabel: la anciana, la estéril, la que no podía tener hijos, ahora tendrá uno. ¡Vemos, una vez más, que para Dios no hay imposibles!

El ángel dijo a Zacarías que por no haber creído en sus palabras, se iba a quedar mudo hasta que esas cosas sucediesen. Al salir del Santuario, Zacarías no pudo hablar y el pueblo comprendió que había tenido una visión.

Por otro lado, en la ciudad de Nazaret, María supo, por el ángel Gabriel durante la Anunciación, que su parienta Isabel estaba esperando un hijo y que se encontraba en el sexto mes del embarazo. Nos dice Evangelio de Lucas que María se puso rápidamente en camino para verla. Al entrar en la casa de Isabel y saludarla, el niño que Isabel llevaba en su seno saltó de gozo e Isabel quedó llena de Espíritu Santo. Es en este momento que Isabel dijo las palabras tan conocidas y estimadas por nosotros: "¡Bendita tú eres entre las mujeres y bendito el fruto de tu vientre!" (Lc 1:42).

Vemos cómo la llegada de Jesús a la casa de Isabel, aun siendo dentro del vientre de su madre, logra transmitir la alegría que trae consigo el Mesías. Esto llevó a que Isabel exclamara llena de júbilo: "¿Cómo he merecido yo que venga a mí la madre de mi Señor? Apenas llegó tu saludo a mis oídos, el niño saltó de alegría en mis entrañas. ¡Dichosa tú por haber creído que se cumplirían las promesas del Señor!" (Lc 1:43-45).

¡Isabel reconoce a Dios en ese niño aún no nacido!

Continuamos con la historia: "Cuando le llegó a Isabel su día, dio a luz un hijo, y sus vecinos y parientes se alegraron con ella al enterarse de la misericordia tan grande que el Señor le había mostrado" (Lc 1:57-58). Al octavo día que fueron a circuncidar al niño, Isabel dijo que le pusiesen por nombre Juan, ante aquellos que querían se llamase Zacarías como el padre. Cuando éste fue consultado, escribió en una tablilla que se debería llamar Juan. En ese momento a Zacarías le volvió el habla y se puso a bendecir a Dios.

Se nos dice que "un santo temor se apoderó del vecindario y estos acontecimientos se comentaban en toda la región montañosa de Judea. La gente que lo oía quedaba pensativa y decía: "¿Qué va a ser este niño?", porque comprendían que la mano del Señor estaba con él" (Lc 1:65-66).

Así fue como Juan el Bautista vino al mundo y sería el encargado de preparar los corazones para la llegada de Jesús: "En este tiempo la palabra de Dios le fue dirigida a Juan, hijo de Zacarías, que estaba en el desierto. Juan empezó a recorrer toda la región del río Jordán, predicando bautismo y conversión, para obtener el perdón de los pecados. [Dijo Juan:] «Yo les bautizo con agua, pero está por llegar uno con más poder que yo, y yo no soy digno de desatar las correas de su sandalia. Él los bautizará con el Espíritu Santo y el fuego» (Lc 3:2-3.16).

¿Qué nos enseña la historia de Isabel?

▶ A reconocer a Dios en las personas, los acontecimientos y las situaciones en que menos lo esperamos.

▶ Nos enseña a reconocer a Dios en los niños, en los pequeños del Señor (Anawim), en los desprotegidos, en los más necesitados.

▶ Nos hace ver que Isabel, en lugar de ponerse a hablar de "su" embarazo, se enfoca en el niño que María llevaba en su seno, en Dios hecho hombre. Y para Él toda la alabanza.

▶ Nos enseña a darle el primer lugar a Dios y a sus cosas.

▶ Nos anima a alegrarnos por el nacimiento de una nueva vida, como se alegraron los vecinos de Isabel.

▶ Nos enseña a alegrarnos con la misericordia que Dios muestra en los demás.

▶ Nos enseña que para Dios no hay imposibles. Como muestra tenemos a Isabel y Zacarías que en su ancianidad tuvieron un hijo.

▶ Nos enseña a apreciar la presencia de la Virgen en nuestra vida.

▶ Nos muestra cómo María, en su visita a Isabel, le lleva al Mesías.

▶ Nos recuerda la felicidad que trae consigo el creer en Dios y creerle a Dios.

▶ También nos enseña la felicidad que experimentó María por haber confiado en Dios. La verdadera felicidad es fruto de la entrega, ya que fuimos hechos para dar, para salir de nosotros mismos y darnos generosamente a los demás.

- Nos muestra cómo la oración de Isabel y Zacarías había sido escuchada por Dios y que a su debido tiempo se cumplió con lo pedido.
- Nos enseña que Dios siempre escucha y responde a nuestras súplicas y que en ocasiones la respuesta puede ser "no" o "no por ahora".
- Nos hace ver cómo Dios actúa en nuestras vidas. La mayoría de las veces de manera ordinaria y algunas veces de manera extraordinaria, como en el caso de la Anunciación.
- Nos muestra que aunque Lucas nos dice que Isabel y Zacarías "eran personas muy cumplidoras a los ojos de Dios y se esmeraban en practicar todos los mandamientos y leyes del Señor" (Lc 1:6) también tenían sus sufrimientos. Del misterio del sufrimiento nadie se escapa.
- Que Dios no ignora los sufrimientos, sino que de ellos saca un bien mayor.
- Nos enseña a ser instrumentos de Dios.
- Nos enseña que, aun antes de nacer, Jesús ya es reconocido por Isabel como el "Señor".

¿Qué nos dice el *Catecismo de la Iglesia Católica*?

27   «Muchas veces y de muchos modos habló Dios en el pasado a nuestros padres por medio de los profetas; en estos últimos tiempos nos ha hablado por su Hijo» (Hb 1:1-2). Cristo, el Hijo de Dios hecho hombre, es la Palabra única, perfecta e insuperable del Padre. En Él lo dice todo, no habrá otra palabra más que ésta. San Juan de la Cruz, después de otros muchos, lo expresa de manera luminosa, comentando la carta a los Hebreos 1:1-2:

"Porque en darnos, como nos dio a su Hijo, que es una Palabra suya, que no tiene otra, todo nos lo habló junto y de una vez en esta sola Palabra [...]; porque lo que hablaba antes en partes a los profetas ya lo ha hablado todo en Él, dándonos al Todo, que es su Hijo. Por lo cual, el que ahora quisiese preguntar a Dios o querer alguna visión o revelación, no sólo haría una necedad, sino haría agravio a Dios, no poniendo los ojos totalmente en Cristo, sin querer otra alguna cosa o novedad" (San Juan de la Cruz, Subida del monte Carmelo 2:22,3-5. Biblioteca Mística Carmelitana, v. 11´, Burgos 1929, pág. 184).

1   El Hijo enviado como Redentor y Salvador.

51   Dios revela su designio amoroso.

53   La revelación se realiza por medio de acciones y palabras que culminan en Jesús, el Verbo encarnado.

65   Jesús es la Palabra única, perfecta e insuperable del Padre.

457   Jesús se encarnó para salvarnos, reconciliándonos con Dios.

458   Jesús se encarnó para que conozcamos el amor de Dios.

459   Jesús se encarnó para ser nuestro modelo de santidad.

464   Jesús es verdadero Dios y verdadero hombre.

470   Jesús asumió la naturaleza humana, no la absorbió.

476   Jesús asumió una verdadera humanidad.

495   La maternidad divina de María.

522   Los preparativos para la venida de Jesús.

523   San Juan Bautista es el precursor inmediato del Señor.

1040   En el juicio final comprenderemos los caminos por los cuales nos guió su Providencia.

Cuestionario para la reflexión personal

► "¿Hay acaso algo imposible para Yavé? Pues bien, volveré a visitarte dentro de un año, y para entonces Sara tendrá un hijo» (Gn 18:14). ¿Qué sentimiento produce en mí este versículo del libro del Génesis? ¿Me tranquiliza, me da paz? ¿Por qué?

- Isabel dice: "¿Cómo he merecido yo que venga a mí la madre de mi Señor?" (Lc 1:43).Preguntarme, ¿cómo he merecido que venga a mí mi Señor? ¿Qué he hecho yo para merecer el privilegio del bautismo, de la fe?

- Cuando tengo una noticia muy especial para mí y la quiero compartir, y la otra persona tiene también una noticia muy especial que quiere compartir, ¿qué sucede? ¿Se convierte en una lucha de quién hablará primero? ¿O escucho con paciencia y prudencia lo que la otra persona tiene que decirme?

- ¿He tenido la experiencia de darme cuenta de la presencia del Señor en mí, en mi vida, en la de mi familia, en mi comunidad?

- ¿Qué aprendí de las palabras de Isabel cuando María llegó a su casa?

- ¿Tengo alguna petición en el fondo de mi corazón que no se la haya presentado a Dios?

- Así como Jesús aun desde el vientre de María preparaba a Juan, que también estaba en el vientre de Isabel, así Dios nos va preparando para nuestra misión. ¿Cuál es mi misión? ¿La conozco? ¿La intuyo? ¿Qué me ha pedido Dios que haga?

Preguntas y actividades para realizar en grupo

- ¿Qué aprendimos de Zacarías?
- ¿Qué aprendimos de Isabel?
- ¿Por qué Dios a veces se tarda en contestar nuestras peticiones? ¿Y por qué a veces nos contesta que no?
- ¿Qué he pedido al Señor que no me haya otorgado? ¿Por qué no me lo habrá otorgado?
- ¿Cuál es la diferencia entre creer en Dios y creerle a Dios? ¿Habrá muchas personas que creen en Dios y pocas que le creen a Dios? ¿Por qué?

▶ Comentar en el grupo cómo Dios actúa en nuestras vidas, la mayoría de las veces de manera ordinaria y algunas veces de manera extraordinaria, como en el caso de la Anunciación. Compartir las ocasiones ordinarias y extraordinarias en que Dios haya actuado en nuestra vida.

▶ El profeta Habacuc escribe lo siguiente con respecto a las peticiones que le hacían a Dios: "¿Hasta cuándo, Yavé, te pediré socorro sin que tú me hagas caso y te recordaré la opresión sin que tú salves?" (Hab 1:2)

▶ La respuesta de Dios: "Entonces Yavé me respondió, diciendo: «Espera su debido tiempo, pero se cumplirá al fin y no fallará; si se demora en llegar, espérala, pues vendrá ciertamente y sin retraso»" (Hab 2:3).

  ▷ ¿Nos dan tranquilidad estas palabras?

  ▷ ¿En qué consiste la diferencia entre el "tiempo de Dios" y el "tiempo de los hombres"?

Propósitos prácticos

▶ Siguiendo el ejemplo de María, acudiré sin demora a ayudar a los más necesitados, a aquellos que la sociedad desprecia.

▶ Es un hecho, constantemente me relaciono con personas. Siguiendo el ejemplo de María, cuando me reúna con otras personas, les llevaré a Dios, con mi caridad, mis palabras comprensivas, mi buen humor y dulzura.

▶ Pediré a Jesús que incremente mi fe, que pueda ver su actuar en mi vida. En las cosas pequeñas y en las grandes.

▶ Pediré a Jesús que me permita ver su mano amorosa en mi vida, de manera especial en las situaciones difíciles.

▶ A imitación de María e Isabel, celebraré la presencia de Jesús en mi vida.

▶ Me alegraré con el nacimiento de un bebé.

- Seré fiel a lo que Dios me pida a imitación de Isabel y Zacarías, que por órdenes de Dios le pusieron a su bebé el nombre de Juan, yendo en contra de las costumbres de la época.
- Sabré esperar el "tiempo del Señor", que es muy diferente a mi tiempo.

Oración

Magníficat

Himno entonado por la Virgen María en presencia de Isabel, alabando a Dios, por su acción en ella y en los hombres

"Proclama mi alma la grandeza del Señor,
y mi espíritu se alegra en Dios mi Salvador,
porque se fijó en su humilde esclava,
y desde ahora todas las generaciones me llamarán feliz.
El Poderoso ha hecho grandes cosas por mí:
¡Santo es su Nombre!
Muestra su misericordia siglo tras siglo
a todos aquellos que viven en su presencia.
Dio un golpe con todo su poder:
deshizo a los soberbios y sus planes.
Derribó a los poderosos de sus tronos
y exaltó a los humildes.
Colmó de bienes a los hambrientos
y despidió a los ricos con las manos vacías.
Socorrió a Israel, su siervo,
se acordó de su misericordia,
como lo había prometido a nuestros padres,
a Abraham y a sus descendientes para siempre."

(Lc 1:46-55)

CAPÍTULO 3

▼▼▼▼▼▼▼

ANA
La profetisa, mujer que supo reconocer a Dios en un recién nacido

"Había también una profetisa muy anciana, llamada Ana, hija de Fanuel, de la tribu de Aser. Casada cuando joven, había quedado viuda después de siete años; hacía ya ochenta y cuatro años que servía a Dios día y noche con ayunos y oraciones y no se apartaba del templo. Llegó en aquel momento y también comenzó a alabar a Dios, hablando del niño a todos los que esperaban la liberación de Jerusalén" (Lc 2:36-38).

Objetivo

En una sociedad donde la juventud es considerada como un "divino tesoro", donde se gastan millones y millones de dólares para "evitar el paso de los años", "borrar las arrugas" y "tapar las canas"; y donde se hace lo que sea, se va hasta los extremos de la Tierra en busca de la felicidad, la profetisa Ana se nos presenta como un recordatorio de lo que es verdaderamente importante: encontrar a Dios.

Ana, una mujer anciana, viuda y con un estilo de vida que quizá muchos calificarían de aburrido, es una muestra de que "no todo lo que brilla es oro". Ella, en medio de su viudez y su servicio, encontró en Dios su tranquilidad e ilusión. En su ancianidad tuvo la oportunidad de reconocer a Dios y anunciarlo a los demás.

Texto bíblico: *Lc 2:36-38*

Introducción al personaje

¿Quién es la profetisa Ana?

Lucas nos cuenta al inicio de su Evangelio que Jesús niño fue llevado por sus padres al Templo en Jerusalén cuando se cumplieron los días en que debían purificarse, según la ley de Moisés. Esta ley dice que todo varón primogénito será consagrado al Señor (Ex 13:2) y que había que ofrecer en sacrificio un par de tórtolas o dos pichones (Lev 12:8).

Cuando llegaron José, María y Jesús al Templo se encontraron con Ana, la profetisa, de quien nos dice el Evangelio de Lucas que era anciana, descendiente de la tribu de Aser y que habiendo estado casada cuando joven, había quedado viuda después de siete años de matrimonio; y que hacía ya ochenta y cuatro años que se dedicaba a servir a Dios de día y de noche con ayunos y oraciones y no se apartaba del Templo (Lc 2:36-37).

Desarrollo de la historia bíblica

De los cuatro evangelistas, es Lucas quien nos narra el encuentro de la profetisa Ana con Jesús, cuando éste era tan sólo un bebé. Este encuentro tiene lugar en el Templo de Jerusalén adonde José y María llevaron a Jesús niño para presentarlo tal y como lo mandaba la ley del Señor en el libro de Éxodo: "Yavé dijo a Moisés: «Conságrame todo primogénito. Todos los primogénitos de los hijos de Israel son míos, tanto de hombre como de animales»" (Ex 13: 2).

Además, también se debía cumplir con el precepto de la ley que mandaba: "Cuando una mujer conciba y tenga un hijo varón, quedará impura [...]. El niño será circuncidado en su carne al octavo día, pero ella esperará treinta y tres días para ser purificada de su sangre. No [...] entrará en el santuario, hasta que se cumplan los días de su purificación. Al cumplirse los días de su purificación [...], presentará al sacerdote un cordero de un año como holocausto y un pichón o una tórtola [...]. El sacerdote lo ofrecerá ante Yavé haciendo expiación por ella y quedará purificada. [...] Si la mujer no puede ofrecer una res menor, ofrecerá dos tórtolas o dos pichones»" (Lev 12:2-8).

¡Qué hermosa imagen!, una pareja que desea ser fiel a Dios y hace lo que la ley le pide; va al Templo de Jerusalén aun cuando el niño era pequeño y la madre había dado a luz hacía unas cuantas semanas. Nos dice la Escritura que "ofrecieron el sacrificio que ordena la ley del Señor: una pareja de tórtolas o dos pichones" (Lc 2:24).

Aquí vale la pena hacer un alto para ponernos unos momentos en el lugar de José y María. Qué emoción tendrían, con qué entusiasmo irían al Templo, llevando en sus brazos a Jesús niño y en su corazón la paz que trae consigo el saber que se está haciendo lo que se debe hacer.

Una vez en el Templo, nos dice Lucas en su Evangelio, se encuentran primero con el anciano Simeón. A Simeón le había sido "revelado por el Espíritu Santo que no moriría antes de haber visto al Mesías del Señor" (Lc 2: 25b-26), por lo tanto, al ver a Jesús, se llena de alegría. También en el Templo se encontraron con Ana, de quien se dice que era profetisa, anciana y viuda; que en su juventud había estado casada por siete años y que se había dedicado desde hacía ya ochenta y cuatro años a servir "a Dios día y noche con ayunos y oraciones y no se apartaba del Templo" (Lc 2:37).

¡Éste es el momento culminante de nuestra historia, el encuentro de Ana con Jesús niño!

Pero ¿quién es Ana? El Evangelio nos dice que Ana era profetisa, anciana, viuda y servidora de Dios. ¡Vaya combinación! Veamos pues qué traen consigo esas características peculiares de Ana. Primero ahondaremos en el término profetisa. Para poder entender este adjetivo calificativo en su totalidad, tenemos que comprender lo que el profetismo significa para el pueblo de Israel: un profeta es un hombre o una mujer que habla de Dios, que mueve conciencias, que anuncia a Dios.

El segundo adjetivo que se le da a Ana es que era anciana. Como todos sabemos la ancianidad trae dos cosas, por un lado una disminución de las capacidades físicas, pero por otro lado un incremento en la madurez, en la sabiduría y sensatez. Ya lo dice el libro de Eclesiástico: "Es bonito ver a un anciano que tiene criterio, un anciano que sabe aconsejar. Es bonito ver a un anciano que es sabio, a un hombre estimado que comprende y sabe decidir. Una rica experiencia es la corona de los ancianos; pueden sentirse orgullosos si tienen el temor del Señor" (Eclo 25:4-6).

En tercer lugar se nos dice que era viuda y estar viuda en aquella época era muy difícil, pues significaba estar desamparada. Si hoy en día no es fácil estar desamparado en la vida, aun menos lo era en aquel entonces y más para las mujeres, que dependían totalmente del cuidado y la protección que pudiesen darles los hombres.

Finalmente se nos dice que servía a Dios, inclusive en medio de su soledad y sufrimiento día y noche. ¡De Ana podemos decir que era una mujer dedicada a Dios y a las cosas de Dios!

También se nos dice que era hija de Fanuel, de la tribu de Aser (Lc 2:36). Era muy común en esa época el identificar a una mujer respecto a su relación con un hombre: Mateo nos habla de la curación de la suegra de Pedro (Mt 8:14), de la petición hecha a Jesús por la madre de Santiago y Juan (Mt 20:20), de las palabras dichas a Pilatos por su esposa (Mt 27:19). Y en el Antiguo Testamento sucedía lo mismo, se nos habla de la esposa y nueras de Noé (Gn 7:6-9), de la hija del Faraón de Egipto (Ex 2:1-10), etc. Y Ana no fue la excepción. En el Evangelio de Lucas inmediatamente se le identifica como la hija de Fanuel y no sólo eso, sino que nos dice que venía de la tribu de Aser, una de las doce tribus de Israel. Ana es parte del pueblo de Israel, pueblo que estaba esperando la llegada de la salvación. Por lo tanto Ana era una verdadera israelita que, al llegar al Templo y encontrarse con Jesús, comienza "a alabar a Dios, hablando del niño a todos los que esperaban la liberación de Jerusalén" (Lc 2:38). Era una de los que esperaban la liberación de Jerusalén, confiaba en que Dios no olvidaría a su pueblo y reconoce en ese pequeño niño la esperada redención de Israel, por ello se pone a dar gloria a Dios y habla del niño a todos los que esperaban la liberación de Jerusalén.

Ana juega un papel importante en la historia de la salvación: la de ser mensajera del anuncio del nacimiento del Mesías. Y confirma con sus palabras lo dicho por el anciano Simeón unos momentos antes: este niño es el Mesías del Señor (Lc 2:26). ¡Qué emoción habrá sentido cuando se encontró con Jesús niño! ¡Qué emocionante es el encuentro de dos almas que se han estado esperando! Ese momento habrá sido algo que Ana nunca olvidaría: ¡su encuentro con Dios!

Nos cuenta la Sagrada Escritura que la visita de Jesús, María y José al Templo termina cuando cumplieron con todo lo que ordenaba la ley del Señor y se regresaron a su ciudad de Nazaret en Galilea (Lc 2:39).

¿Qué nos enseña Ana?

▶ A reconocer a Dios, de manera especial en los más indefensos. Ana lo reconoció en un pequeño niño de apenas unas semanas de nacido.

▶ Que el encontrar a Dios produce una gran alegría, una alegría que no se compara con las alegrías humanas, una alegría que nos trae paz.

▶ Nos enseña a nunca dejar de rezar, aunque tengamos los años que tengamos, aunque estemos pasando por momentos difíciles, aunque estemos desalentados, aunque pensemos que Dios no nos escucha.

▶ Nos enseña que a Dios se le reza tanto en público como en privado. Se le alaba en el templo y en la vida diaria.

▶ Nos muestra que hay personas que a pesar de las dificultades por las que han pasado en su vida no se apartan de Dios.

▶ Nos enseña que es posible sufrir sin amargarnos. A ciertas personas el sufrimiento las lleva a apartarse de Dios, a endurecer sus corazones, a estar resentidos y a rebelarse contra Dios. Ana nos muestra que es posible haber sufrido, haberla pasado mal y sin embargo seguir cerca de Dios.

▶ Nos recuerda que lo importante es cómo vivamos ese momento difícil de nuestra vida, ya que los sufrimientos, como decíamos con anterioridad, o nos alejan de Dios o nos acercan a Él, nos hacen más nobles, más cercanos a los que sufren, más suaves de corazón, más caritativos, más amables.

▶ Nos muestra que en el campo de la fe, cuando nos enfrentamos a un sufrimiento, puede haber dos reacciones o se agarra uno de Dios y profundiza en la fe, o se abandona a Dios y a la fe.

▶ También nos enseña a no dejar de esperar. Ana era una mujer de edad avanzada que llevaba ya ochenta y cuatro años sirviendo a Dios de día y de noche, sin apartarse del Templo y sin embargo no había dejado de esperar.

▶ En resumen, nos enseña a vivir la virtud de la esperanza.

¿Qué nos dice el *Catecismo de la Iglesia Católica*?

64   Por los profetas, Dios forma a su pueblo en la esperanza de la salvación, en la espera de una Alianza nueva y eterna destinada a todos los hombres (cf. Is 2:2-4), y que será grabada en los corazones (cf. Jr 31:31-34; Hb 10:16). Los profetas anuncian una redención radical del pueblo de Dios, […]. Serán sobre todo los pobres y los humildes del Señor (cf. So 2:3) quienes mantendrán esta esperanza. Las mujeres santas como Sara, Rebeca, Raquel, Miriam, Débora, Ana, Judit y Ester conservaron viva la esperanza de la salvación de Israel. De ellas la figura más pura es María (cf. Lc 1:38).

1818 La virtud de la esperanza se relaciona con el deseo de felicidad puesto por Dios en el todo hombre.

1843 Por la esperanza deseamos y esperamos de Dios.

2086 El primer mandamiento como fuente de esperanza.

2096 Adorar a Dios es reconocer que es Dios y Señor de todo lo que existe.

2097 Adorar a Dios es reconocer nuestra condición de criatura ante el Creador.

2628   La adoración es la primera actitud del hombre ante su Creador.

2657   La oración como fuente de esperanza.

Cuestionario para la reflexión personal

▶ ¿En qué acontecimientos y circunstancias de mi vida he perdido la esperanza?

▶ ¿Conozco a alguna persona que viva la virtud de la esperanza?

▶ ¿Qué pienso de las palabras de Jesús a sus discípulos "No tengan miedo" (Mt 28:10)? ¿Tengo miedo en este momento?, ¿he vivido con miedo en el pasado?, ¿le temo al futuro?

▶ ¿Cómo veo a Dios?, ¿como alguien cercano o lejano?, ¿como padre o como juez?

▶ ¿Estoy cerca de Dios o lejos? ¿Qué está impidiendo que esté cerca de Él?

▶ María y José cumplieron con su compromiso de ir al Templo a presentar al niño y a la purificación de María. ¿Cumplo yo mis compromisos? ¿Mis compromisos como cristiano y mis compromisos como ciudadano del mundo, como miembro de una familia?

▶ Ana reconoció al Mesías en un pequeño bebé, en él vio la salvación prometida por Dios a su pueblo ¿Soy capaz de ver a Dios en las personas más necesitadas?, ¿en aquellas que la sociedad considera menos?

Preguntas y actividades para realizar en grupo

▶ ¿Qué hemos aprendido de la profetisa Ana?

▶ ¿Qué hemos aprendido de este pasaje del Evangelio que no habíamos notado antes?

▶ José y María llevaron a Jesús al Templo para a cumplir con la ley de Moisés. Con esta actitud nos enseñan su disposición a seguir las normas y mandatos de Dios. ¿Qué nos parece su actuar?

▶ La primera carta de Juan dice: "Hemos conocido el amor que Dios nos tiene y hemos creído en Él. Dios es amor: el que permanece en el amor permanece en Dios y Dios en él" (1Jn 4:18). ¿Cómo podemos permanecer en el amor?

▶ En el siguiente versículo de la primera carta de Juan se nos dice: "En el amor no hay temor. El amor perfecto echa fuera el temor" (1Jn 4:17-18). Explica qué quiere decirnos Juan con esta frase. ¿Por qué dice que en el amor no hay temor y que el amor perfecto echa fuera el temor?

▶ San Pablo en su carta a los Romanos nos dice: "Entonces no vuelvan al miedo; ustedes no recibieron un espíritu de esclavos, sino el espíritu propio de los hijos, que nos permite gritar ¡Abba!, o sea ¡Padre!" (Rm 8:15). ¿Cómo hacer para "no volver al miedo"? ¿Qué hacer para llamar confiadamente a Dios Padre?

Propósitos prácticos

¿Qué voy a hacer ahora que he leído sobre la manera de actuar de Ana? ¿Qué aprendí de su actuar?

▶ Me esforzaré por vivir con esperanza, poniendo mi confianza en Dios, mi Padre. Por lo tanto, haré a un lado el desánimo.

▶ Buscaré hablar a los demás sobre lo que implica la virtud de la esperanza.

▶ A ejemplo de José y María cumpliré con los preceptos de la ley de Dios, para lo cual profundizaré en los diez mandamientos y sus alcances. Conviene investigar en el *Catecismo de la Iglesia Católica* lo que cada uno de esos diez mandamientos implica. Esto viene en los números: 2083 al 2557. Vale la pena hacer esa lectura por la riqueza que encierran estos números.

▶ También cumpliré con los mandamientos propios de la Iglesia Católica que son cinco. Aunque aquí se enuncian, conviene leer sobre ellos en el Catecismo de la Iglesia Católica en los números: 2042 y 2043.

1. Oír Misa entera los domingos y demás fiestas de precepto y no realizar trabajos serviles.
2. Confesarse al menos una vez al año.
3. Recibir el sacramento de la Eucaristía al menos por Pascua.
4. Abstenerse de comer carne y ayunar en los días establecidos por la Iglesia.
5. Ayudar a la Iglesia en sus necesidades.

Oración

Salmo 71

En Ti, Señor, confío, que no quede decepcionado. […]
Sé para mí una roca de refugio, una ciudad fortificada en
    que me salve, pues tú eres mi roca, mi fortaleza. […]
Tú eres, Señor, mi esperanza, y en Ti he confiado desde
    mi juventud.
En Ti me apoyé desde mis primeros pasos, tú me atrajiste
    desde el seno de mi madre, y para Ti va siempre mi
    alabanza. […]
Llena de tu alabanza está mi boca, de tu esplendor,
    el día entero.
No me despidas ahora que soy viejo, no te alejes cuando
    mis fuerzas me abandonan. […]
Oh Dios, no te alejes de mí, Dios mío, ven pronto
    a socorrerme. […]
Yo entonces, siempre en Ti esperaré, y te alabaré
    como no se ha hecho nunca.

Mi boca contará tus obras justas y tu salvación a lo largo
del día, pues son más de lo que podría decir.

Ahondaré las hazañas del Señor, recordaré tu justicia
que es sólo tuya.

Oh Dios, me has enseñado desde joven, y hasta ahora
anuncié tus maravillas; si ahora estoy viejo y
decrépito, oh Dios, no me abandones.

A esta generación anunciaré tu poder, y a los
que vengan después, tu valentía y tú justicia,
oh Dios, que llega al cielo.

Pues, ¿quién como tú, oh Dios, que has hecho grandes
cosas? […] Te daré gracias al son del arpa
por tu fidelidad, oh Dios.

Con la cítara te entonaré salmos, oh Santo de Israel.

Te aclamarán mis labios y mi alma que tú redimiste.

Tarareará mi lengua todo el día: «Es cierto
que Él es justo, […]».

II
MUJERES QUE
RECONOCEN
LA GRANDEZA
DE DIOS

CAPÍTULO 4

▼▼▼▼▼▼▼

LA OFRENDA DE LA VIUDA
Mujer que deposita en la alcancía del Templo todo lo que tenía para vivir

"Jesús se había sentado frente a las alcancías del Templo, y podía ver cómo la gente echaba dinero para el tesoro; pasaban ricos y daban mucho, pero también se acercó una viuda pobre y echó dos moneditas de muy poco valor. Jesús entonces llamó a sus discípulos y les dijo: «Yo les aseguro que esta viuda pobre ha dado más que todos los otros. Pues todos han echado de lo que les sobraba, mientras ella ha dado desde su pobreza; no tenía más y dio todos sus recursos»" (Mc 12:41-44).

"No anden preocupados por su vida con problemas de alimentos, ni por su cuerpo con problemas de ropa. ¿No es más importante la vida que el alimento y más valioso el cuerpo que la ropa? Fíjense en las aves del cielo: no siembran, ni cosechan, no guardan alimentos en graneros, y sin embargo el Padre del Cielo, el Padre de ustedes, las alimenta. ¿No valen ustedes mucho más que las aves?" (Mt 6:25-26)

Objetivo

La preocupación de tener una buena fama, el cariño de los familiares y amigos, de tener bienes materiales, de ser respetado, de quedar siempre bien ante los demás, está siempre presente en nuestras vidas. El no tener esto, nos quita el sueño y a veces hasta el hambre; hace que se nos caiga el pelo "de los nervios", nos dé gastritis, que nos alteremos fácilmente y nos lleva a estar soñando siempre con recibir abrazos y aplausos de los demás y hasta con ganarnos la lotería. Y si a esto le añadimos que vivimos en una sociedad en la que el acumular, el ser el mejor, tener más, ser el más querido, ser el más afamado, no es sólo bien visto, sino es alentado; es entonces cuando esta mujer viuda, quien da todo lo que tiene a Dios, es un ejemplo de totalidad. Total confianza en la Providencia de Dios y total entrega a Él.

Texto bíblico: *Mc 12:41-44; Lc 21:1-4*

Introducción al personaje

¿Quién es esta viuda que deposita en la alcancía del Templo todo lo que tiene para vivir?

Tanto el Evangelio de Marcos como el de Lucas nos narran cómo Jesús advierte a sus oyentes que se cuiden de los maestros de la Ley quienes buscan para ellos mismos todo tipo de honores. Y a manera de contraste, les propone como ejemplo a una viuda quien en ese momento se encontraba frente a ellos, depositando su contribución en la alcancía del Templo. Jesús les dice: "Esa viuda sin recursos ha echado más que todos ellos, porque todos ésos han dado de lo que les sobra, mientras que ella, no teniendo recursos, ha echado todo lo que tenía para vivir" (Lc 21:1-4). Es una mujer que da todo porque tiene un corazón que reboza de amor.

Desarrollo de la historia bíblica

El encuentro de Jesús con la viuda se lleva a cabo mientras Jesús enseña en el Templo donde muchas personas acudían a escucharlo "con agrado" (Mc 12:37). En esa ocasión, Jesús les dice a sus discípulos frente a la gente que lo escuchaba: "Cuídense de esos maestros de la ley a los que les gusta llevar largas vestiduras, y ser saludados en las plazas, y ocupar los puestos reservados en las sinagogas y los lugares de honor en los banquetes. Se introducen con sus largas oraciones, y luego devoran los bienes de las viudas. Esos tendrán una sentencia muy rigurosa" (Lc 20:45-47).

Jesús, como buen maestro, no deja pasar la oportunidad de formar los corazones de quienes le escuchan. Y así, como contraposición a la postura altanera de los maestros de la ley, Jesús presenta la sencillez e integridad de una mujer que en ese momento estaba depositando en una alcancía del Templo su ofrenda.

Con seguridad esta mujer no fue la única persona que depositaba dinero en las alcancías del Templo mientras Jesús estaba ahí, pero sí fue quien mereció la atención de Jesús. La ofrenda de otros no produce en Él un sentimiento de sorpresa ya que Jesús sabe que dan de lo que les sobra, sabe que no se han sacrificado para dar su contribución al Templo. En cambio, la viuda, a pesar de su pobreza extrema, da lo poco que tiene y ese poco era para vivir.

Vale la pena hacer un alto para explicar que para el pueblo hebreo las viudas, los huérfanos y los extranjeros eran considerados las personas más indefensas en su sociedad, porque no tenían a otro ser humano que viera por ellos. El libro del Deuteronomio nos dice: "Hace justicia al huérfano y a la viuda, y ama al forastero dándole pan y vestido" (Dt 10:18) y en el Segundo libro de Samuel se nos cuenta cómo la viuda de Tecoa "fue donde el rey, se postró con el rostro en tierra y se puso a gritar: «¡Ayúdame, oh rey!». El rey le preguntó: «¿Qué tienes?». Respondió: «¡Ay! Soy viuda, mi marido murió. Tu sirvienta tenía dos hijos. Ellos se pelearon en el campo, no había allí nadie para separarlos, y uno mató al otro" (2 S14:4-6).

Volvamos a nuestra historia. Esta mujer, quien deposita en la alcancía del Templo todo lo que tenía para vivir, nos muestra que las matemáticas de Dios y del mundo son diferentes. Las del mundo nos dicen que mientras más grande es el número, mayor es la cantidad; Jesús con sus matemáticas nos dice que aunque el número sea pequeño, lo que hace grande a la cantidad es la generosidad, el desapego, la confianza en Dios. La ofrenda de la viuda proviene de un corazón lleno de amor por Dios, en quien se abandona. Es su fe la que la sostiene, la que la hace confiar en Dios que siempre es fiel y quien verá por sus necesidades.

Cuando una persona tiene una relación personal con Dios, la confiada entrega es espontánea, pudiendo llegar a ser sacrificada y es lo que vemos en el caso de esta generosa mujer. Su ofrenda nace de un corazón que ama y ama mucho, tanto que desde su pobreza da todo lo que tiene para vivir. Pero también ese amor es un amor confiado, confía en el amor de Dios, en su Divina Providencia y sabe que Él, el Rey de reyes, Señor de señores, cuidará de ella.

Y así nos los hizo saber Jesús:

"No anden tan preocupados ni digan: ¿tendremos alimentos?, o ¿qué beberemos?, o ¿tendremos ropas para vestirnos? Los que no conocen a Dios se afanan por esas cosas, pero el Padre del Cielo, Padre de ustedes, sabe que necesitan todo eso. Por lo tanto, busquen primero su reino y su justicia, y se les darán también todas esas cosas" (Mt 6:31-33).

¿Qué nos enseña la mujer que deposita en la alcancía del Templo todo lo que tenía para vivir?

- ▶ Nos enseña que hay personas convencidas de que Dios cuida de los suyos.
- ▶ A no dejar de hacer el bien, porque es poco lo que puedo hacer. Pero aunque sea poco, Jesús lo aprecia.
- ▶ Nos muestra la importancia que tiene el "espíritu con que se da". No sólo dinero, sino cariño, tiempo, enseñanza, etc.
- ▶ Nos deja ver lo que es capaz de hacer un corazón que rebosa de amor.
- ▶ Nos anima a no dejar de hacer el bien porque cueste trabajo, porque implique sacrificio.
- ▶ Nos enseña a dar y a dar no sólo lo que nos sobra, sino a dar de lo que necesitamos para vivir.
- ▶ Nos deja ver de una manera clara cómo actúa una persona que confía plenamente en Dios.
- ▶ Nos recuerda, con su actitud, las palabras de Jesús quien nos dice que no estemos preocupados por lo que vamos a comer o beber, que no nos atormentemos. Que busquemos primero el Reino de Dios y su justicia, y que el resto se nos dará por añadidura (Lc 12: 29-31).
- ▶ Nos deja ver los alcances del abandono en manos de Dios, un abandono que la llevó a echar en la alcancía del Templo todo lo que tenía para vivir.
- ▶ Nos enseña lo qué es la totalidad. Para Dios todo.
- ▶ Nos muestra un corazón desprendido.
- ▶ Nos enseña lo que hace un alma que verdaderamente conoce a Dios.
- ▶ Nos muestra lo que es creer en Dios y creerle a Dios
- ▶ En resumen nos enseña a confiar en Dios.

321   "La divina Providencia consiste en las disposiciones por las que Dios conduce con sabiduría y amor todas las criaturas hasta su fin último".

322   "Cristo nos invita al abandono filial en la Providencia de nuestro Padre celestial (cf. Mt 6:26-34) y el apostol san Pedro insiste: «Confiadle todas vuestras preocupaciones pues Él cuida de vosotros»» (I P5:7; cf. Sal 55:23).

323   La Providencia divina también actúa valiéndose de las acciones de las criaturas.

308   Dios actúa en las obras de sus criaturas.

307   Dios permite al hombre poder participar en su Providencia confiándole responsabilidades.

306   Los hombres cooperan libremente en la realización de los designios de Dios.

305   Abandono como hijos en la Providencia de Dios.

303   Testimonio de la Providencia en la Sagrada Escritura.

302   Dios guarda y gobierna con su Providencia todo lo que creó.

2834   Trabajar como si todo dependiera de nosotros y orar como si todo dependiese de Dios.

2830   Dios quien nos ha creado, no deja de estar pendiente de nosotros.

2547   Dios se lamenta que los ricos encuentren consolación en la acumulación de sus bienes.

1040   El juicio final y la Providencia.

Cuestionario para la reflexión personal

▶ ¿Estoy siempre preocupado por el día de mañana, por lo que va a pasar o vivo confiado en las palabras de Jesucristo quien nos dice: "No se preocupen por el día de mañana, pues el mañana se preocupará por sí mismo. A cada día le bastan sus problemas" (Mt 6:34)?

▶ Jesús dijo: "No estén preocupados de lo que comerán o beberán: ¡no se atormenten! Estas son cosas tras las cuales corren todas las naciones del mundo, pero el Padre de ustedes sabe que ustedes las necesitan. Busquen más bien el Reino, y se les darán también esas cosas." (Lc 12:29-31).

▶ ¿Qué me atormenta?

▶ ¿Qué es lo que me preocupa tanto que me mantiene sin poder poner el Reino de Dios en primer lugar?

▶ En la carta a los Hebreos se nos dice: "No corran tras el dinero, sino más bien confórmense con lo que tienen, pues Dios ha dicho: Nunca te dejaré ni te abandonaré. Y nosotros hemos de responder confiados: El Señor es mi ayuda, no temeré. ¿Qué pueden hacerme los hombres?" (Hb 13:5-6).

1. ¿Creo que Dios nunca me abandonará?
2. ¿Respondo confiado: "El Señor es mi ayuda, no temeré" (Hb13:6)?
3. ¿Creo qué los hombres pueden hacer más que Dios (Hb 13:6)?

▶ ¿En qué circunstancias y acontecimientos de mi vida me he sentido cuidado por Dios?

▶ ¿Cuando doy, con qué espíritu lo hago? ¿Para que me vean, para que me admiren? Y al decir "doy", no se trata solamente de dinero, sino también de cariño, tiempo, amabilidad, etc.

▶ ¿Verdaderamente me desprendo como la viuda del Templo o doy lo que me sobra de mi tiempo, talentos y tesoros?

► ¿Conozco a alguien que sea igual de deprendido que la viuda de la que hemos venido hablando?

Preguntas para compartir en grupo

► ¿Qué hemos aprendido de la mujer que deposita en la alcancía del Templo todo lo que tenía para vivir?

Santo Tomas de Aquino en su tratado sobre el Credo dice:

"Les ocurre como si algún desconocedor de medicina que ve al médico recetar a un enfermo agua y a otro vino, conforme lo piden las reglas de medicina; al no saber medicina, piensa que lo hace al azar, siendo que por un justo motivo lo hace, dando vino al segundo y agua al primero.

Así pasa con respecto a Dios. Él, con conocimiento de causa y según su Providencia, dispone de las cosas que necesitan los hombres: aflige a algunos que son buenos y deja vivir en prosperidad a otros que son malos".

▷ Así ocurre con nosotros, muchas veces no comprendemos cómo Dios actúa en su infinita Providencia.

▷ ¿Qué piensan de que los hombres no llegamos a comprender cómo actúa Dios?

▷ Compartan con el grupo alguna situación por la que hayan pasado en su vida, en la que en un inicio no comprendían por qué sucedían así las cosas, pero con el paso del tiempo se dieron cuenta de que fue lo mejor que les pudo haber pasado y que detrás de todos los acontecimientos estaba Dios.

► Comenten en el grupo el siguiente fragmento del Evangelio de Mateo:

"Y ¿por qué se preocupan tanto por la ropa? Miren cómo crecen las flores del campo y no trabajan ni tejen. Pero yo les digo que ni Salomón, con todo su lujo, se pudo vestir como una de ellas. Y si Dios viste así el pasto del campo, que hoy brota y mañana se echa al fuego, ¿no hará mucho más por ustedes? ¡Qué poca fe tienen!" (Mt 6:28-30).

▶ Leer el siguiente pasaje del Evangelio de Lucas:

▶ "No estén preocupados de lo que comerán o beberán: ¡no se atormenten! Estas son cosas tras las cuales corren todas las naciones del mundo, pero el Padre de ustedes sabe que ustedes las necesitan. Busquen más bien el Reino y se les darán también esas cosas" (Lc 12:29-31).

▷ ¿Qué significa buscar el Reino de Dios en nuestras vidas?

▶ El profeta Isaías nos dice:

"¡Pobres de aquellos que dictan leyes injustas y ponen por escrito los decretos de la maldad.
Dejan sin protección a los pobres de mi país,
privan a los pequeños de sus derechos,
dejan sin nada a la viuda y despojan al huérfano!
¿Qué harán el día que se arreglen las cuentas?
¿A dónde huirán y quién los ayudará? (Is10:1-4).

▷ ¿Qué opinamos de sus palabras?
▷ ¿Qué nos hacen sentir?

Propósitos prácticos

- ► ¿A qué me llama todo lo anterior?
- ► A confiar en Dios, en su Providencia, en el cuidado que tiene de sus creaturas.
- ► A abandonarme en las manos de Dios, como se abandonó aquella mujer que depositó en la alcancía del Templo todo lo que tenía para vivir.
- ► A darle gracias a Dios por habernos dado a su Hijo quien nos vino a enseñar lo que es verdaderamente importante ante los ojos de Dios y nos dijo en el Sermón de la Montaña: "Busquen primero su Reino y su justicia y se les darán también todas esas cosas" (Mt 6:33).
- ► A no preocuparme, sino a ocuparme.
- ► A vivir confiado en las palabras de Jesús, ya que creer en Jesús, significa creer en sus promesas.
- ► Todo lo que pidan en mi nombre lo haré (Jn 14:13).
- ► Yo rogaré al Padre y les dará otro protector que permanecerá siempre con ustedes, el Espíritu de Verdad (Jn 14:16-17a)
- ► La paz que yo les doy no es como la que el mundo da. Que no haya en ustedes angustia ni miedo (Jn 14:27).
- ► A dar de mi tiempo, talentos y tesoros para construir el Reino de los Cielos.
- ► A que cuando me empiece a preocupar, me acuerde de esta mujer quien confía totalmente en Dios.
- ► A comprender que nadie da más que quien no se guarda nada para sí.

Oración

Salmo 23

"El Señor es mi pastor: nada me falta;
en verdes pastos él me hace reposar.
A las aguas de descanso me conduce,
y reconforta mi alma.
Por el camino del bueno me dirige,
por amor de su nombre.
Aunque pase por quebradas oscuras,
no temo ningún mal,
porque tú estás conmigo
con tu vara y tu bastón,
y al verlas voy sin miedo.
La mesa has preparado para mí
frente a mis adversarios,
con aceites perfumas mi cabeza
y rellenas mi copa.

Irán conmigo la dicha y tu favor
mientras dure mi vida,
mi mansión será la casa del Señor
por largos, largos días".

CAPÍTULO 5

▼▼▼▼▼▼▼

MARTA Y MARÍA
Amigas de Jesús

¿Qué tengo yo que mi amistad procuras?
¿Qué interés se te sigue, Jesús mío,
que a mi puerta, cubierto de rocío,
pasas las noches del invierno oscuras?
¡Oh, cuánto fueron mis entrañas duras,
pues no te abrí! ¡Qué extraño desvarío
si de mi ingratitud el hielo frío
secó las llagas de tus plantas puras!
¡Cuántas veces el ángel me decía:
«asómate ahora a la ventana;
verás con cuánto amor llamar porfía»!
¡Y cuántas veces, hermosura soberana,
«Mañana le abriremos», respondía,
para lo mismo responder mañana!

LOPE DE VEGA, POETA ESPAÑOL (1562–1635)

Objetivo

Pasamos los días y los años buscando la felicidad, buscando vivir una vida completa. Jesús también quiere que vivamos una vida plena. Nos dice: "yo he venido para que tengan vida y la tengan en plenitud" (Jn 10:10). Y para que así suceda, para que tengamos esa vida plena, Jesús nos da la receta, nos dice que sólo una cosa es necesaria. ¿Cuál? Continuemos con la historia.

Texto bíblico: *Lc 10:38-42*

Introducción a los personajes

El pasaje del Evangelio que nos toca analizar esta ocasión es breve, pero muy rico en enseñanzas.

Marta y María eran un par de hermanas que recibieron a Jesús en su casa. Ahí se desarrolla una escena muy común en los hogares: un miembro de la familia se afana en la preparación de los alimentos y la organización del convivio, mientras que otro miembro de la familia no hace nada. Lógicamente, surgen fricciones.

Marta, molesta con su hermana María porque no le estaba ayudando, acude a Jesús con la esperanza de que Él le llame la atención a María. Qué sorpresa se habrá llevado Marta con la repuesta de Jesús: "Marta, Marta, tú andas preocupada y te pierdes en mil cosas: una sola es necesaria. María ha elegido la mejor parte, que no le será quitada".

Desarrollo de la historia bíblica

Este pasaje, aunque breve, ya que lo componen solamente cinco versículos, tiene una infinidad de enseñanzas. Nos enseña acerca de la amistad con Jesús, del servicio, del trabajo del hogar y sobre todo nos habla de lo que Jesús considera verdaderamente importante.

Comencemos pues con esta breve historia. En la época y en la región del mundo en que vivió Jesús, la hospitalidad, es decir, el recibir a un huésped en la propia casa y tratarlo bien, era una gran virtud. Virtud que puso en práctica Marta cuando recibió a Jesús en su casa.

Con seguridad, Marta había puesto manos a la obra en la organización y preparación de todo lo necesario para atender adecuadamente a Jesús según las normas de hospitalidad judías, mientras que María su hermana se había sentado a los pies de Jesús a escuchar su palabra. En aquella época, sentarse a los pies del maestro significaba sentarse para aprender de él y era algo común. En los Hechos de los Apóstoles se nos cuenta que san Pablo se había sentado a los pies del maestro Gamaliel para ser instruido en la ley (Hch 22:3).

Mientras María aprendía de Jesús, Marta estaba atareada en muchos quehaceres. Acercándose a Jesús le dijo: «Señor, ¿no te importa que mi hermana me haya dejado sola para atender? Dile que me ayude" (Lc 10:40). Esta escena puede sucintar diversas emociones en quienes la leemos. Unos pueden pensar: "Marta tenía razón en estar enojada con su hermana, ya que no le estaba ayudando". Otros pueden especular: "Pobre Jesús, seguramente venía cansado del camino y le tocó hacer de árbitro entre las hermanitas".

Para nosotros, lo importante es saber qué pensaba Jesús, quien le respondió: "Marta, Marta, tú andas preocupada y te pierdes en mil cosas: una sola es necesaria. María ha elegido la mejor parte, que no le será quitada" (Lc 10:41-42).

Jesús le indica a Marta que por andar preocupada y ocupándose de mil cosas, se pierde en ellas. En cambio, María ha elegido la mejor parte. Notemos que no dice que Marta está mal y que María está bien, simplemente dice que María ha elegido la mejor parte que consiste en estar cerca de Él.

¿Qué nos enseña la historia de la visita de Jesús a casa de estas hermanas?

▸ Que sólo una cosa es necesaria para vivir una vida plena, fructífera y que tenga sentido: mantenernos en todo momento cerca de Jesús.

▸ Nos enseña que el trabajo en la casa, la oficina, el taller, la escuela, etc., no debe impedir que entremos en contacto con Jesús y con nuestros hermanos los hombres; empezando por los miembros de nuestra familia, ya que la caridad empieza por casa.

▸ Nos enseña que Jesús aprecia el que estemos a su lado.

▸ Nos muestra el choque de dos temperamentos diferentes, Marta era laboriosa, activa y enérgica; María por naturaleza era más tranquila, serena y apacible. Jesús no dice que un temperamento sea mejor que otro, los dos fueron creados por Dios. Lo que es mejor es elegir estar cerca de Jesús.

▸ Nos recuerda la grandeza de la libertad humana. María eligió libremente y eligió quedarse a los pies de Jesús.

▸ Nos enseña que cada vez que elegimos a Jesús, elegimos extender su Reino entre los hombres.

▸ Nos enseña que podemos o tenemos que hacer muchas y muy buenas cosas; pero que no debemos perder de vista nuestro objetivo: amar a Dios sobre todas las cosas.

▸ Nos recuerda la grandeza de la Eucaristía, ¡que es la mejor manera de estar con Jesús!

▸ Nos enseña que si nos distraemos en el servir, podemos olvidar a quien estamos sirviendo.

▸ Nos recuerda que a Jesús le gusta que trabajen por Él, pero más le gusta que le amen.

▸ Nos recuerda que Jesús está menos interesado en nuestro reporte de logros, éxitos y hazañas, que en el amor que pongamos en nuestro actuar.

▶ Nos recuerda que Jesús se hizo hombre para estar con nosotros, para estar disponible, para ofrecernos su amistad.

¿Qué nos dice el *Catecismo de la Iglesia Católica*?
Amistad con Dios

142   Por su revelación, "El Dios invisible habla a los hombres como amigo, movido por su gran amor y mora con ellos para invitarlos a la comunicación consigo y recibirlos en su compañía" (DV 2). La respuesta adecuada a esta invitación es la fe.

277   Dios nos libra de nuestros pecados y nos restablece en su amistad por la gracia.

355   El hombre hecho a imagen y semejanza de Dios.

374   El primer hombre no sólo fue creado, sino constituido en amistad con Dios.

396   La libertad, necesaria para vivir en amistad con Dios.

1395   La Eucaristía y la amistad con Cristo.

1468   El efecto del sacramento de la reconciliación, es restablecer la amistad con Dios.

1972   Cristo amigo del hombre.

2567   Dios es quien primero llama al hombre.

La oración

2560   Jesús se revela en la oración.

2562   El corazón, lugar de donde brota la oración.

2563   Sólo el Espíritu de Dios puede conocer las profundidades del corazón.

2564   La oración cristiana es una relación de Alianza entre Dios y el hombre en Cristo.

2566   El hombre en busca de Dios.

2665   La oración a Jesús.

2709   Definición de la oración dada por santa Teresa de Ávila.

2710   Tiempo y duración de la oración.

Cuestionario para la reflexión personal

▶ Jesús le dice: "Marta, Marta, tú andas preocupada y te pierdes en mil cosas: una sola es necesaria. María ha elegido la mejor parte." (Lc 10:40-41). Y yo, ¿por qué ando preocupado? ¿Qué me impide elegir la mejor parte?

▶ ¿A quién me parezco más, a Marta o a María?

▶ Componer una oración de acción de gracias a Jesús por haberse quedado con nosotros en la Eucaristía.

▶ El padrenuestro dice: "Venga a nosotros tu Reino, hágase tu voluntad".

1. ¿Cuál es su voluntad en mi vida?
2. ¿Realmente quiero que se haga su voluntad en mi vida?

▶ Jesús dijo: "Yo soy la vid y ustedes los sarmientos. El que permanece en mí y yo en él, ése da mucho fruto, pero sin mí no pueden hacer nada" (Jn 15:5).

1. ¿Qué puedo hacer para permanecer cerca de Jesús?
2. ¿Qué voy a hacer para elegir la mejor parte?

Preguntas y actividades para realizar en grupo

▶ ¿Qué hemos aprendido de María?
▶ ¿Qué hemos aprendido de Marta?
▶ ¿Qué hemos aprendido de Jesús?
▶ Jesús le dice a Marta: "te pierdes en mil cosas: una sola es necesaria". ¿Cuáles son esas cosas que nos impiden hacerle caso a Jesús?
▶ ¿Han tenido a alguna persona hospedándose por un largo tiempo en su casa? ¿En qué circunstancias?
▶ ¿Ustedes han estado como huéspedes por un largo tiempo en casa de otra persona? ¿En qué circunstancias?

- San Pablo dice en su primera carta a los Corintios: "Al decirles esto […] se lo digo para su bien, con miras a una vida más noble en la que estén enteramente unidos al Señor" (1 Cor 7:35).
- ¿A qué se refiere cuando dice "una vida más noble"?
- ¿A qué se refiere cuando dice "que estén enteramente unidos al Señor"?
- La Encíclica Laborem Exercens (sobre el trabajo) del Papa Juan Pablo II en el número 24 nos habla sobre la espiritualidad del trabajo. Nos dice que el trabajo ayuda "a todos los hombres a acercarse a través de él a Dios, Creador y Redentor, a participar en sus planes salvíficos respecto al hombre y al mundo y a profundizar en sus vidas la amistad con Cristo".

  1. ¿Por qué dice que el trabajo ayuda a todos los hombres a acercarse a Dios?
  2. ¿Cómo es que por medio del trabajo los hombres participamos en los planes de salvación de Dios?
  3. ¿Por qué dice que el trabajo ayuda a que los hombres profundicen en su amistad con Dios?

Propósitos prácticos

- Pedir a Jesús que me ayude a querer elegir "la mejor parte", la que nadie me podrá quitar.
- Llegar temprano a la Misa, sentarme en un lugar que me permita poner atención, seguir con detenimiento las lecturas, participar activamente en las respuestas y los cantos, es decir, tratar de poner todo de mi parte para estar cerca de Jesús.
- Prepararme antes de recibir la Eucaristía. Tomar conciencia de la persona que voy a recibir. En la última sección de este capítulo denominado "Oración" se encuentra una oración que se puede recitar como ayuda para prepararme para recibir a Jesús Eucaristía.

- Leer detenidamente y con fe los Evangelios, buscando conocer cada vez más a Jesús.
- Preguntar a alguna persona de mi confianza que me recomiende algunos libros que me ayuden a conocer y amar más a Jesús.
- Comprender que algunas personas por naturaleza son más activas y otras más tranquilas. Así nos hizo Dios.
- Si soy una persona que tiende a ser activa, comprender que hay personas que prefieren la tranquilidad; por el contrario, si soy una persona que prefiere el silencio y la reflexión, no menospreciar a las personas activas.
- Enfocarme en Jesús y su Reino y no en mi persona y mis logros.

Oración

A continuación se encuentran una serie de oraciones que podemos recitar durante el día, de acuerdo con la actividad que estemos desarrollando, buscando siempre tener presente a Dios en todos nuestros actos.

Ofrecimiento del día

Señor Jesús:
Te entrego mis manos para hacer tu trabajo.
Te entrego mis pies para seguir tu camino.
Te entrego mis ojos para ver como Tú ves.
Te entrego mi lengua para hablar tus palabras.
Te entrego mi mente para que Tú pienses en mí.
Te entrego mi espíritu para que Tú ores en mí.
Sobre todo te entrego mi corazón,
para que en mí ames a tu Padre y a todos los hombres.
Te entrego todo mi ser para que crezcas Tú en mí.
Para que seas Tú, Cristo, quien viva, trabaje y ore en mí.
Amén.

Acto de Consagración a la santísima Virgen María

¡Oh Señora mía, oh Madre mía!,
yo me entrego del todo a Ti,
y en prueba de mi filial afecto,
te consagro en este día
mis ojos, mis oídos, mi lengua y mi corazón,
en una palabra, todo mi ser,
ya que soy todo tuyo,
¡oh Madre de bondad!,
guárdame y protégeme como hijo tuyo.
Amén.

Oración antes de recibir la Comunión

Yo quisiera, Señor, recibiros con aquella pureza,
humildad y devoción con que os recibió vuestra
santísima Madre, con el espíritu y fervor de los santos.

Señor Jesucristo, Hijo de Dios vivo, que por voluntad del
Padre y la cooperación del Espíritu Santo, mediante tu
muerte diste vida al mundo: líbrame por la recepción de
tu Sacrosanto Cuerpo y Sangre de todas mis culpas y de
todo mal.

Concédeme que yo siempre cumpla fielmente tus
mandamientos y no permitas que jamás me separe de Ti.
Amén.

Oración para antes de estudiar

Tú, Señor, que haces elocuentes las lenguas de los niños,
dirige mi lengua y difunde en mis labios la gracia
   de tu bendición.
Dame agudeza para entender, capacidad para retener,
   métodos y facultad para atender,
sutileza para interpretar, gracia y abundancia
   para hablar.
Dame acierto al empezar, dirección al continuar,
   perfección al acabar.
Oh, Señor que vives y reinas, verdadero Dios y hombre,
   por los siglos de los siglos.
Amén.

SANTO TOMAS DE AQUINO (1225-1274),
SACERDOTE ITALIANO DE LA ORDEN DE PREDICADORES (DOMINICOS).

Oraciones para antes y después de los alimentos

Antes de comer

Bendícenos, Señor, y bendice estos alimentos
que dados por tu infinita bondad vamos a tomar.
Por Cristo nuestro Señor. Amén.

Otra oración que se puede usar
para bendecir los alimentos

Gracias te doy gran Señor, por la vida y el sustento.
Tú nos los das por quien eres, no porque yo lo merezca.
Amén.

Al terminar de comer

Te damos gracias, Señor, por todos tus beneficios a Ti que
vives y reinas por los siglos de los siglos. Amén.

Oración de la noche

Te adoro, Dios mío,
te amo con todo el corazón te agradezco el haberme creado,
el haberme hecho cristiano
y el haberme conservado en este día.
Perdóname el mal que hoy he cometido
y si algún beneficio he hecho, acéptalo.
Concédeme el reposo y libérame de peligros.
Que tu gracia sea siempre conmigo y
con todos mis seres queridos.
Visita Señor, esta habitación:
que tus santos ángeles habiten en ella y nos guarden en paz,
y que tu bendición permanezca siempre con nosotros.
Amén.

Jaculatorias

Las jaculatorias son pequeñas oraciones que durante el día dirigimos a Dios Padre, a Jesucristo, la santísima Virgen o a los santos para mantenernos en su presencia durante el día. Hay quien las ha descrito como flechas de amor lanzadas a Dios o como piropos a la santísima Virgen. Su finalidad es que nuestro corazón y nuestra mente no se alejen de Dios.

A continuación se presentan algunas jaculatorias:

Sagrado Corazón de Jesús,
      en Ti confío.
Sagrado Corazón de Jesús,
      perdónanos y sé nuestro Rey.
Jesús manso y humilde de corazón,
      haz mi corazón semejante al tuyo.
Sagrado Corazón de Jesús,
      protege nuestras familias.

En los cielos y en la tierra sea para siempre alabado,
el corazón amoroso de Jesús Sacramentado.
¡Viva Cristo Rey!
¡Viva!
Te adoramos ¡oh Cristo!, y te bendecimos,
que por tu Santa Cruz redimiste al mundo.
Alabado sea Jesucristo,
por los siglos de los siglos.
Da, Señor, descanso eterno a las almas,
y brille para ellos la luz perpetua.
El Señor es mi pastor,
nada me puede faltar.
Señor, aumenta mi fe.
Señor, Tú lo sabes todo, Tú sabes que te amo.
Creo, Señor, pero ayuda mi incredulidad.
Jesús, Dios mío, te amo sobre todas las cosas.
Jesús mío, ten misericordia de mí.
Tuyo soy, para Ti nací,
¿qué quieres Jesús de mí?
Espíritu Santo, fuente de luz,
¡ilumínanos!
Espíritu Santo, dulce huésped de mi alma,
permanece en mí y que yo permanezca siempre en Ti.
Jesús, José y María,
les doy el corazón y el alma mía.
Jesús, José y María,
asístanme en mi última agonía.
Jesús, José y María,
en ustedes descanse en paz el alma mía.
Ave María Purísima,
sin pecado concebida.

María, Madre de Gracia, Madre de Misericordia,
  en la vida y en la muerte ampáranos gran Señora.
Santa María de Guadalupe,
  ruega por nosotros.
Santa María de Guadalupe,
  salva a nuestra patria y conserva nuestra fe.
Madre del Divino Verbo,
llévanos por buen camino y sé nuestra salvación.
Ruega por nosotros Santa Madre de Dios,
  para que seamos dignos de alcanzar las promesas de
  Nuestro Señor Jesucristo.
Dulce Corazón de María,
  sé la salvación mía.
Santísima Trinidad, un solo Dios; creo en Ti, espero en
Ti, te amo sobre todas las cosas.

CAPÍTULO 6

▼▼▼▼▼▼▼

LIDIA
Mujer que abrió su corazón y su casa a Jesús

"Por la noche, Pablo tuvo una visión. Ante él estaba de pie un macedonio que le suplicaba: «Ven a Macedonia y ayúdanos». Al despertar nos contó la visión y comprendimos que el Señor nos llamaba para evangelizar a Macedonia.

Nos embarcamos en Tróade y navegamos rumbo a la isla de Samotracia; al día siguiente salimos para Neápolis. De allí pasamos a Filipos, una de las principales ciudades del distrito de Macedonia, con derechos de colonia romana.

Nos detuvimos allí algunos días, y el sábado salimos a las afueras de la ciudad, a orillas del río, donde era de suponer que los judíos se reunían para orar. Nos sentamos y empezamos a hablar con las mujeres que habían acudido. Una de ellas se llamaba Lidia y era de las que temen a Dios. Era vendedora de púrpura y natural de la ciudad de Tiatira. Mientras nos escuchaba, el Señor le abrió el corazón para que aceptase las palabras de Pablo.

Recibió el bautismo junto con los de su familia y luego nos suplicó: «Si ustedes piensan que mi fe en el Señor es sincera, vengan y quédense en mi casa». Y nos obligó a aceptar. […]

Después de haberles dado muchos golpes, los echaron (a Pablo) a la cárcel […] Apenas dejaron la cárcel, fueron a casa de Lidia. Allí se encontraron con los hermanos, a los que dieron ánimo antes de marcharse" (Hch 16:9-15. 23.40).

Objetivo

En la época en que nos toca vivir, donde se vive con prisa debido al trabajo, la familia, los compromisos, etc., muchas personas tratan de no mostrar sus habilidades en la comunidad, no sea que les pidan que hagan algo o que la "pongan encargada de algún proyecto". Para esta época Lidia es un ejemplo de una persona que, convirtiéndose en seguidora de Jesús, pone al servicio de la comunidad los talentos que Dios le dio, ayudando así a la naciente comunidad cristiana.

Texto bíblico: *Hch 16:12-15.40*

Introducción al personaje

¿Quién es Lidia?

En este capítulo leeremos sobre Lidia y profundizaremos en su actuar. Lidia era una mujer que se dedicaba al comercio de telas teñidas de color purpura. Estando en la ciudad de Filipos, tuvo la oportunidad de escuchar a Pablo y a sus compañeros hablar sobre Jesús. Nos dice la Sagrada Escritura que el Señor tocó su corazón para que aceptar a las palabras de Pablo y el resultado fue una conversión que la llevó a bautizarse junto con toda su familia y a invitar a Pablo y a sus compañeros a alojarse en su casa (Hch 16:14-15).

Desarrollo de la historia bíblica

¡Qué generosidad y qué apertura la de esta mujer! ¡Llegó Jesús a su vida y ésta cambió! ¡De un momento a otro su vida fue diferente! Escucha a Pablo, ella y su familia se bautizan e invita a su casa a hospedarse a unos hombres, llegados del extranjero, que iban por el mundo anunciando el mensaje de Jesús. Su generosa hospitalidad nace de su conversión. Y su conversión, ¡qué alegría le habrá traído! La alegría que trae el conocer a Dios.

Pero, ¿quién era esta Lidia y cómo llegó a escuchar a san Pablo hablar de Jesús?

Como en toda buena historia, hay varios acontecimientos que se suceden alrededor de esta conversión y son precisamente esos pequeños grandes sucesos los que hacen posible que las cosas pasen. Unos las llaman coincidencias, nosotros las llamamos: "dioscidencias". Todo comienza con san Pablo, quien habiendo sido un gran perseguidor de los primeros seguidores de Jesús, se convierte en uno de sus principales apóstoles. Los Hechos de los Apóstoles nos dicen que Pablo: «respirando aún amenazas y muerte contra los discípulos del Señor, vino al sumo sacerdote, y le pidió cartas para las sinagogas de Damasco, a fin de que si hallase algunos hombres o mujeres (seguidores de Jesús) los trajese presos a Jerusalén. Mas yendo por el camino, aconteció que al llegar cerca de Damasco, repentinamente le rodeó un resplandor de luz del cielo; y cayendo en tierra, oyó una voz que le decía: Saulo, Saulo, ¿por qué me persigues? El dijo: ¿Quién eres, Señor? Y le dijo: Yo soy Jesús, a quien tú persigues [...]. Él, temblando y temeroso, dijo: Señor, ¿qué quieres que yo haga? Y el Señor le dijo: Levántate y entra en la ciudad y se te dirá lo que debes hacer. Y los hombres que iban con Saulo se pararon atónitos, oyendo a la voz, pero sin ver a nadie. Entonces Saulo se levantó de tierra y, abriendo los ojos, no veía a nadie; así que, llevándole por la mano, le metieron en Damasco, donde estuvo tres días sin ver, y no comió ni bebió» (Hch 9:1-9).

Pablo, una vez convertido, ¡no había quien le parase! Se dedicó a viajar para poder llevar el mensaje de Jesús al mayor número de personas posibles. Él mismo nos dice en su carta a los Filipenses que: "Al tener [...] a Cristo, consideré todas mis ganancias como pérdida" (Flp 3:7). Cristo era su ganancia. Cristo conquistó su vida, sus pensamientos y sobre todo, su corazón. ¡No podía menos que dar a conocer a Jesús, no podía menos que evangelizar! San Jerónimo nos dice: "El mundo no verá jamás otro hombre de la talla de san Pablo".

Así es como Pablo y sus compañeros de viaje, también unos grandes convencidos de Jesús y su mensaje, se ponen en camino obedeciendo la petición de Jesús de invitar a las naciones a la conversión (Lc 24:47b).

En esta ocasión van a Tróade y durante la noche Pablo tiene una visión en la que ve a un habitante de Macedonia pidiéndole que vaya a su ciudad y los ayude. Nos cuenta el libro de los Hechos de los Apóstoles que al despertar Pablo cuenta la visión a sus compañeros, quienes comprenden que es el Señor quien los está guiando rumbo a Macedonia para que ésta sea evangelizada (Hch 16:9).

Se embarcan rumbo a la isla de Samotracia, de ahí a Neápolis y finalmente llegan a Filipos, una de las principales ciudades de la región de Macedonia, que tenía derecho de colonia romana (Hch 16:12). Esto hacía que Filipos fuera considerada una ciudad de indiscutible importancia en la región. Cabe hacer notar que geográficamente esta región se encuentra en el continente Europeo, es decir, Pablo dejaba la zona de Asia Menor que hasta ese momento se había dedicado a evangelizar, para incursionar en nuevas tierras, ni más ni menos que a Europa, buscando cumplir el mandato misionero de Jesús: "Me ha sido dada toda autoridad en el Cielo y en la tierra. Vayan, pues, y hagan que todos los pueblos sean mis discípulos. Bautícenlos en el Nombre del Padre y del Hijo y del Espíritu Santo" (Mt 28:19).

Continúa el libro de los Hechos de los Apóstoles narrándonos que una vez que llegaron a Filipos, se quedaron allí algunos días y el sábado se fueron a las afueras de la ciudad, "a orillas del río, donde era de suponer que los judíos se reunían para orar. Nos sentamos y empezamos a hablar con las mujeres que habían acudido. Una de ellas se llamaba Lidia y era de las que temen a Dios"

(Hch 16:13-14). En Filipos aparentemente no había una sinagoga donde los judíos se pudieran reunir el sábado, el día del Señor, para hacer su oración, razón por la cual se reunían a la orilla del río, el cual proveía el agua necesaria para el lavado, que era una parte esencial del rito sabatino. ¡Qué hermosa imagen: la comunidad reunida a la orilla del río para adorar al Señor!

Entre los miembros de esa comunidad se encontraba Lidia, a quien "el Señor le abrió el corazón para que aceptase las palabras de Pablo" (Hch 16:14). Recibió el bautismo junto con los de su familia y luego les pidió: "Si ustedes piensan que mi fe en el Señor es sincera, vengan y quédense en mi casa" (Hch 16:15). Claramente podemos decir que Lidia era una mujer de acción. Como dice el refrán popular: "diciendo y haciendo". Se convierte e inmediatamente actúa, abriendo las puertas de su casa para que aquellos hombres que la habían llevado a creer en Jesucristo se hospedaran en su casa.

Los Hechos de los Apóstoles continúan narrándonos las andanzas de Pablo en Filipos. Resulta que una jovencita les seguía por las calles gritando "«Estos hombres son siervos del Dios Altísimo y les anuncian el camino de la salvación». Esto se repitió durante varios días, hasta que Pablo se cansó, se volvió y dijo al espíritu: «En el nombre de Jesucristo te ordeno que salgas de ella». Y en ese mismo instante el espíritu la dejó" (Hch 16:17b-18). Algunas personas de Filipos se enojaron por lo que habían hecho y mandaron arrestar a Pablo y a Silas, los llevaron ante el tribunal diciendo: "«Estos hombres son judíos y están alborotando nuestra ciudad; predican unas costumbres que a nosotros, los romanos, no nos está permitido aceptar ni practicar». La gente se les echó encima. Los oficiales mandaron arrancarles las ropas y los hicieron apalear. Después de haberles dado muchos golpes, los echaron a la cárcel" (Hch 16:20-23).

Lo último que leemos sobre Lidia en la Sagrada Escritura

nos dice: "Apenas dejaron la cárcel fueron a casa de Lidia. Allí se encontraron con los hermanos, a los que dieron ánimo antes de marcharse" (Hch 16:40). Qué tranquilidad para Pablo y sus compañeros saber que al salir de la cárcel tenían un lugar donde hospedarse y así poder recuperar las fuerzas tanto físicas como espirituales antes de continuar con su misión predicando la Palabra, de manera insistente, a tiempo y a destiempo, rebatiendo, reprendiendo, aconsejando, con toda paciencia y siempre dejando una enseñanza (2 Tim 4:2).

¿Qué nos enseña Lidia?

► Nos enseña a nunca dejar de orar, ya que es la oración un diálogo amoroso entre Dios y el hombre. Fue precisamente cuando Lidia se encontraba orando a la orilla del río que oyó hablar de Jesús y comenzó así su conversión.

► Que el encuentro con Jesús, el Cristo, produce en quien le ha conocido, un cambio. Las cosas no pueden permanecer igual después de haber conocido a quien es el "Camino, la Verdad y la Vida" (Jn 14:6). Lo vemos en Lidia que se bautizó y abrió las puertas de su casa a la naciente comunidad cristiana.

► Que aquellas personas que verdaderamente acogen a Jesús y su mensaje de salvación, no se quedan indiferentes, sino que se entregan a Él.

► Nos enseña que las personas pueden cambiar como sucedió con Pablo, quien pasó de ser perseguidor de Jesús a ser su apóstol, llamándose a sí mismo: "Pablo, apóstol de Cristo Jesús por mandato de Dios, nuestro Salvador, y de Cristo Jesús, nuestra esperanza" (1 Tim 1:1).

► Su generosidad. Lidia pone al servicio de Dios y su Reino lo que tenía y que podía servir en ese momento.

► Nos enseña a ayudar a aquellos que trabajan por Dios. Ver por sus necesidades materiales, ayudarlos económicamente, estar disponibles para acompañarlos en sus trabajos misioneros, animarlos, etc.

▶ Que cada persona tiene algo que aportar al establecimiento del Reino entre los hombres. Lidia era una comerciante que se dedicaba a vender telas teñidas de púrpura, esto hacía de ella una mujer independiente, con una profesión, seguramente acostumbrada a planear, a organizar, a formalizar transacciones, en fin, a realizar todas las actividades propias de un negocio. Con toda seguridad estas características de su personalidad jugarían un papel importante en su manera de proceder como apóstol de Jesucristo.

▶ En resumen, nos enseña a vivir la virtud de la entrega a Jesucristo.

¿Qué nos dice el *Catecismo de la Iglesia Católica*?

2472   El deber de los cristianos de tomar parte en la vida de la Iglesia, los impulsa a actuar como testigos del Evangelio y de las obligaciones que de él se derivan. Este testimonio es transmisión de la fe en palabras y obras. El testimonio es un acto de justicia que establece o da a conocer la verdad (cf. Mt 18:16):

«Todos [...] los fieles cristianos, dondequiera que vivan, están obligados a manifestar con el ejemplo de su vida y el testimonio de su palabra al hombre nuevo de que se revistieron por el bautismo y la fuerza del Espíritu Santo que les ha fortalecido con la confirmación» (AG 11).

442   La conversión de san Pablo.

429   Del conocimiento de Cristo nace el deseo de darlo a conocer a los demás.

849   El mandato misionero: vayan y hagan discípulos a todas las gentes y bautícenlos.

850   Origen de la misión de evangelización.

851   La evangelización tiene su origen en el amor de Dios a todos los hombres.

855   Las divisiones entre cristianos son un obstáculo para la evangelización.

856   El trabajo de evangelización implica un dialogo respetuoso.

1490   La conversión es el movimiento de retorno a Dios.

2044   Evangelización y el testimonio de los bautizados.

2608   La necesidad de convertirse de corazón antes de presentar una ofrenda ante el Señor.

2612   La conversión exige vigilancia.

Cuestionario para la reflexión personal

▶ ¿En qué acontecimientos y circunstancias de mi vida he entregado mi tiempo, trabajo y tesoros a Dios?

▶ ¿Conozco a alguna persona que viva la virtud de la entrega? ¿Alguien que entregue su tiempo, su trabajo y sus talentos para establecer el Reino de Cristo entre los hombres?

▶ ¿Qué tengo yo para entregar a Dios para el establecimiento de su Reino? ¿Cuáles son mis "talentos"? ¿Qué considero mis tesoros? ¿Cómo utilizo el tiempo?

▶ Lidia escuchó el mensaje de Pablo sobre Jesús y se convirtió. ¿Ha cambiado mi vida desde que conocí a Jesús de una manera más personal?

▶ Lidia invita a Pablo y a sus compañeros a que se queden en su casa. ¿Qué pienso de la invitación que hace Lidia a Pablo y a sus compañeros?

▶ Lidia aceptó el mensaje de salvación que escuchó de Pablo. ¿Quién me ha hablado de Jesús? ¿Ha habido alguna persona que me haya anunciado el mensaje de Jesucristo como san Pablo se lo anunció a Lidia?

- ¿He sido yo un san Pablo para alguna persona? ¿He llevado el mensaje de Jesucristo a otros?

Preguntas y actividades para realizar en grupo

- ¿Qué hemos aprendido de Lidia?
- ¿Qué hemos aprendido de este pasaje de los Hechos de los Apóstoles?
- ¿Qué hemos aprendido de Pablo que no sabíamos antes?
- Leer el pasaje del Evangelio de Mateo que se presenta a continuación y comentarlo entre los miembros del grupo:
- "Ustedes son la sal de la tierra. Pero si la sal se vuelve insípida, ¿cómo podrá ser salada de nuevo? Ya no sirve para nada, por lo que se tira afuera y es pisoteada por la gente. Ustedes son la luz del mundo: ¿cómo se puede esconder una ciudad asentada sobre un monte? Nadie enciende una lámpara para taparla con un cajón; la ponen más bien sobre un candelero, y alumbra a todos los que están en la casa.
- Hagan, pues, que brille su luz ante los hombres; que vean estas buenas obras, y por ello den gloria al Padre de ustedes que está en los Cielos" (Mt 5:13-16).
- "Jesús les habló de nuevo diciendo: «Yo soy la luz del mundo. El que me sigue no caminará en tinieblas, sino que tendrá luz y vida»" (Jn 8:12). Poner ejemplos de cómo Jesús y sus seguidores, los cristianos, son la luz del mundo.
- San Pablo nos dice en su primera carta a los Corintios "Por lo tanto, ya coman, beban o hagan lo que sea, háganlo todo para gloria de Dios" (1 Cor 10:31). Nos pide que hagamos TODO para la gloria de Dios. ¿Qué significa ese "todo"?

Propósitos prácticos

¿Qué voy a hacer ahora que he leído cómo actuó Lidia? ¿Qué aprendí de su actuar?

▶ Pedir al Señor que como a Lidia, me toque el corazón.

▶ Pedir a Dios que toque el corazón de aquel familiar, de aquel compañero de trabajo, de aquel vecino, o de aquel amigo, que no lo conoce o que aun conociéndolo está lejos de Él.

▶ No dejar de orar incluso en los momentos difíciles, es más, redoblar la oración en esos momentos.

▶ Acoger en mi casa a quienes trabajen por Cristo. Que mi casa sea un centro de acogida donde todos sean bienvenidos con amabilidad.

▶ Ayudar a un sacerdote o religiosa en sus necesidades materiales.

▶ Aceptar que las personas, como Pablo, pueden cambiar, que no todo está perdido. Darles una segunda, quizás una tercera oportunidad.

▶ Poner al servicio del Reino de Dios mi tiempo, mis talentos y mi tesoro.

▼▼▼▼▼▼▼

CAPÍTULO 7

MARÍA MAGDALENA
Primer testigo de la Resurrección

"Gracias a su encuentro con el Resucitado, María Magdalena supera el desaliento y la tristeza causados por la muerte del Maestro (cf. Jn 20:11-18). En su nueva dimensión pascual, Jesús la envía a anunciar a los discípulos que Él ha resucitado (cf. Jn 20:17). Por este hecho se ha llamado a María Magdalena «la apóstol de los apóstoles»".

EXHORTACIÓN APOSTÓLICA POSTSINODAL ECCLESIA IN AMERICA
DE BENEDICTO XVI
CIUDAD DE MÉXICO, 22 DE ENERO DE 1999

"La Resurrección de Cristo es nuestra esperanza. La Iglesia proclama hoy esto con alegría: anuncia la esperanza, que Dios ha hecho firme e invencible resucitando a Jesucristo de entre los muertos; comunica la esperanza, que lleva en el corazón y quiere compartir con todos [...]. Hoy la Iglesia canta «el día en que actuó el Señor» e invita al gozo. [...] Cristo, la Víctima pascual, el Cordero que «ha redimido al mundo», el Inocente que nos «ha reconciliado a nosotros, pecadores, con el Padre». A Él, Rey victorioso, a Él, crucificado y resucitado, gritamos con alegría nuestro Aleluya".

MENSAJE URBI ET ORBI
BENEDICTO XVI
PASCUA DE 2009

"De hecho se presentó a ellos después de su pasión y les dio numerosas pruebas de que vivía. Durante cuarenta días se dejó ver por ellos y les habló del Reino de Dios" (Hch 1:3).

Objetivo

En este capítulo leeremos y profundizaremos sobre María Magdalena y el gran acontecimiento del que fue testigo: la Resurrección de Jesús. Nos dice el Evangelio de Juan: "El primer día después del sábado, María Magdalena fue al sepulcro muy temprano, cuando todavía estaba oscuro, […] María se había quedado llorando fuera, junto al sepulcro. Mientras lloraba se inclinó para mirar dentro y vio a dos ángeles vestidos de blanco, sentados donde había estado el cuerpo de Jesús, uno a la cabecera y el otro a los pies. Le dijeron: «Mujer, ¿por qué lloras?». Les respondió: «Porque se han llevado a mi Señor y no sé dónde lo han puesto».

Dicho esto, se dio vuelta y vio a Jesús allí, de pie, pero no sabía que era Jesús. Jesús le dijo: «Mujer, ¿por qué lloras? ¿A quién buscas?». Ella creyó que era el cuidador del huerto y le contestó: «Señor, si tú te lo has llevado, dime dónde lo has puesto y yo me lo llevaré». Jesús le dijo: «María». Ella se dio la vuelta y le dijo: «Rabboní», que quiere decir «Maestro»" (Jn 20:1.11-16).

¡Qué distinción!

Texto bíblico: *Mt 27:56.61; 28:1; Mc 15:40.47; 16:1-19; Lc 8:2; 24:10; Jn 19:25; 20:1-18*

Introducción al personaje

¿Quién es María Magdalena?

María Magdalena es una mujer sobre la cual nos hablan los cuatro Evangelios y sobre quien leeremos, estudiaremos y ahondaremos en este capítulo. En primer lugar, para hacerle justicia, ya que malamente ha sido identificada como una prostituta. Si leemos detenidamente el Evangelio de Lucas, éste nos dice que: "Jesús iba recorriendo ciudades y aldeas predicando y anunciando la buena nueva del Reino de Dios. Lo acompañaban los doce y también algunas mujeres a las que había curado de espíritus malos o de enfermedades: María, por sobrenombre Magdalena, de la que habían salido siete demonios" (Lc 8:1-2). Y si leemos los demás textos que hablan sobre ella, en ninguno dice que fuese prostituta.

En segundo lugar para darle la deferencia que merece, pues es a la primera persona a quien, de acuerdo con los Evangelios, Jesús se le aparece después de su Resurrección: "Jesús, pues, resucitó en la madrugada del primer día de la semana. Se apareció primero a María Magdalena, de la que había echado siete demonios" (Mc 16:9).

Y en tercer lugar, para recordar la grandeza, el significado y la importancia de ser testigo de la Resurrección.

Desarrollo de la historia bíblica

Como decíamos con anterioridad, los cuatro evangelistas nos hablan sobre María Magdalena. Y de ella nos dicen:

▶ Que había estado poseída por siete demonios. Lucas nos dice: "María, por sobrenombre Magdalena, de la que habían salido siete demonios" (Lc 8:2b) y Marcos: "Se apareció primero a María Magdalena, de la que había echado siete demonios" (Mc 16:9).

▶ Que era una de las mujeres que acompañaban a Jesús: "Entre ellas estaban María Magdalena, María, madre de Santiago y de José, y la madre de los hijos de Zebedeo" (Mt 27:56). Además Marcos 15:47 y Lucas 8:2.

▶ Que estaba a la hora de la Pasión de Jesús (Mc 15:40).

- A la hora de la crucifixión también estuvo junto con María, la Madre de Jesús (Jn 19:25).

- A la hora de su entierro: "María Magdalena y María, la madre de José, estaban allí observando dónde lo depositaban" (Mc 15:47). Además Mateo 27:61.

- Que fue el primer día después del sábado muy de mañana al sepulcro: "y vio que la piedra que cerraba la entrada del sepulcro había sido removida. Fue corriendo en busca de Simón Pedro y del otro discípulo a quien Jesús amaba y les dijo: «Se han llevado del sepulcro al Señor y no sabemos dónde lo han puesto»" (Jn 20:1-2).

- Es a la primera a quien se aparece Jesús resucitado (Mt 28:1-10; Mc 16:9; Jn 20:14).

- Y es enviada por Jesús a hacer el primer anuncio de su Resurrección: "María Magdalena se fue y dijo a los discípulos: «He visto al Señor y me ha dicho esto»" (Jn 20:18).

Al haber repasado minuciosamente los textos, podemos ver que ninguna cita evangélica habla sobre María Magdalena como una prostituta. Lo que sí se dice, es que es una seguidora de Jesús dispuesta a estar al pie de la cruz y en su entierro; y que es la primera persona que de acuerdo con las narraciones evangélicas ve a Jesús resucitado.

Esto es lo que los Evangelios nos hablan de ella. Se preguntará, amable lector: ¿De dónde viene la noción de que era una prostituta? En este libro no tenemos el espacio para profundizar en cómo en determinado momento histórico se llegó a pensar que María Magdalena era: la mujer pecadora que unge los pies de Jesús en casa de un fariseo (Lc 7:36-50), María la hermana de Marta y de Lázaro (Lc 10. 38-24) y la mujer que le ungió los pies en Betania en casa de Simón el leproso (Mt 26:6-16).

En la actualidad ha quedado claro que cada una de estas Marías son distintas personas. Y esto lo vemos claramente reflejado en las oraciones que reza la Iglesia Católica el 22 de julio en la fiesta de santa María Magdalena. Las oraciones y lecturas de la celebración litúrgica propias del día, reflejan la creencia que tiene la Iglesia de que María Magdalena es la mujer que Jesús eligió para que fuese testigo de la Resurrección. Durante la celebración litúrgica el sacerdote recita la oración colecta que dice:

> Dios nuestro, que quisiste que santa María Magdalena
> fuera la primera
> en recibir de tu Hijo Unigénito el encargo de anunciar el
> gozo de la Resurrección,
> concédenos, que siguiendo su ejemplo, demos a conocer
> a todos que Cristo vive
> y nos está esperando en el Cielo.
> Por nuestro Señor Jesucristo.

En la primera lectura de la Misa, tomada del libro de Cantar de los Cantares, leemos: "Encontré al amor de mi alma" (3:4). La lectura del Evangelio está tomada de Juan, capítulo 20, que nos cuenta que Jesús Resucitado se le aparece a María Magdalena. El texto dice: "El primer día después del sábado, María Magdalena fue al sepulcro muy temprano, [...] Jesús le dijo: «María». Ella se dio la vuelta y le dijo: «Rabboní», que quiere decir «Maestro» [...]. María Magdalena se fue y dijo a los discípulos: «He visto al Señor y me ha dicho esto»" (Jn 29:1a.16.18).

En ningún momento se habla de ella como una prostituta arrepentida. Así que, una vez dejado en claro quién es María Magdalena, volveremos a la esencia de este capítulo titulado: "María Magdalena, testigo de la Resurrección".

Para poder llegar al punto de la Resurrección tenemos que recordar que Jesús había muerto en la cruz, de la que fue bajado y fue envuelto en una sábana para ser depositado en "un sepulcro nuevo cavado en la roca, donde nadie había sido enterrado aún" (Lc 23:53). Era el día de la preparación de la Pascua, se estaba haciendo de noche y estaba comenzando el sábado, las mujeres que habían venido desde Galilea siguiendo a Jesús se tuvieron que retirar, no sin antes haber tenido la oportunidad de ver cómo colocaban el cuerpo de Jesús en el sepulcro. "Después de que volvieron a sus casas, prepararon perfumes y mirra, y el sábado descansaron, según manda la ley" (Lc 23:56).

Nos cuenta el Evangelio de Marcos que el primer día después del sábado iban María Magdalena, María la Santiago y Salomé a la tumba de Jesús, llevando consigo perfumes que habían comprado para embalsamar a Jesús. Y el Evangelio de Juan nos dice que "María Magdalena […] al llegar vio que la piedra que habían puesto para tapar la entrada al sepulcro ya no estaba. Esto para ella era una gran sorpresa porque se trataba de una piedra grande que había sido removida. Fue corriendo en busca de Simón Pedro y del que otro discípulo a quien Jesús amaba y les dijo: «Se han llevado del sepulcro al Señor y no sabemos dónde lo han puesto»" (Jn 20:1-2).

Continúa narrándonos cómo Pedro y el otro discípulo salieron corriendo hacia el sepulcro, pero como el otro discípulo corrió más rápido, llegó primero. Se asomó, vio las sábanas en el suelo, pero no entró. Cuando Pedro llegó, vio también las sábanas en el suelo y el sudario con que le habían envuelto la cabeza que no se había caído como las sábanas, sino que se mantenía enrollado en su lugar. "Entonces entró también el otro discípulo, el que había llegado primero, vio y creyó. Pues no habían entendido todavía la Escritura: ¡él "debía" resucitar de entre los muertos!" (Jn 20:8-9). A continuación los dos discípulos volvieron a casa.

María, quien se había quedado afuera del sepulcro llorando, se asomó y vio a dos ángeles vestidos de blanco, sentados uno a la cabecera y el otro a los pies de donde había estado el cuerpo de Jesús. Le preguntaron por qué lloraba, a quién buscaba, a lo que ella contestó que porque se habían llevado a su Señor y no sabía donde lo habían puesto. Se dio media vuelta y vio a Jesús allí, de pie, pero no lo reconoció. Jesús le dijo: "«Mujer, ¿por qué lloras? ¿A quién buscas?». Ella creyendo que era el cuidador del jardín le pidió que si se lo había llevado le dijera dónde lo había puesto para ir por él.

"Jesús le dijo: «María». Ella se dio la vuelta y le dijo: «Rabboní», que quiere decir «Maestro». Jesús le dijo: «Suéltame, pues aún no he subido al Padre. Pero vete donde mis hermanos y diles: Subo a mi Padre, que es Padre de ustedes; a mi Dios, que es Dios de ustedes»" (Jn 20:16-17).

María Magdalena se fue a anunciar a los discípulos que había visto al Señor y lo que éste le había dicho.

Ésta es María Magdalena, la mujer que nos ocupa en este capítulo, una mujer que fue fiel seguidora de Jesús hasta el final y que fue elegida por Jesús para ser testigo de la Resurrección ante los apóstoles. Lleva la gran noticia de que Jesús venció a la muerte, una noticia que ha cambiado al mundo. Muchos hombres han dado su vida por una causa noble, por defender sus ideales o luchando por la justicia, pero sólo uno ha resucitado, sólo uno ha vencido a la muerte. Por ello la Resurrección marca un momento muy importante para nosotros los seres humanos. Jesús con su Resurrección conquista a la muerte para que algún día nosotros resucitemos también, para que podamos vivir con la esperanza de que hay algo más que el aquí y ahora, que hay una vida eterna donde encontraremos satisfacción indescriptible.

"¡Qué victoria tan grande! La muerte ha sido devorada.

Dónde está, oh muerte, tu victoria? ¿Dónde está, oh muerte, tu aguijón? […].

Pero demos gracias a Dios que nos da la victoria por medio de Cristo Jesús, nuestro Señor.

Así, pues, hermanos míos muy amados, manténganse firmes e inconmovibles. Dedíquense a la obra del Señor en todo momento, conscientes de que con Él no será estéril su trabajo".
(1 Cor 15:54b-55.57-58)

¿Qué nos enseña María Magdalena?

► Nos enseña que aun habiendo sido poseída por siete demonios, fue seguidora de Jesús. Nos enseña que no estamos atados por nuestro pasado, que podemos cambiar, que cuando hay cambio, hay futuro; y si se quiere, un futuro cerca de Jesús.

► Nos muestra lo que significa de verdad querer estar cerca de Jesús. Se va al sepulcro de mañana; antes de que saliera el sol, ella y las otras mujeres ya habían emprendido la marcha para ir a embalsamarlo.

► Nos enseña a ser perseverantes en la búsqueda de Jesús. Ella quería encontrar a Jesús a como diera lugar, por lo tanto, primero le pregunta a los ángeles, no dándose por vencida, le pregunta a quien ella creía que era el jardinero.

► Nos muestra cómo Jesús se vale de hombres y mujeres para que lleven su mensaje. Es a María Magdalena a quien Jesús le pide que vaya a anunciar a los apóstoles que ha resucitado, convirtiéndola así en: "apóstol de los apóstoles", como nos dice Juan Pablo II.

► Nos confirma algo que ya sabemos: que las mujeres son de lágrima fácil. Tanto los ángeles como Jesús le preguntan a María Magdalena por qué está llorando. El que las mujeres expresen sus sentimientos llorando es parte de la condición femenina. Es bueno que tanto hombres como mujeres estén consientes de esta realidad. No es debilidad, es condición humana.

► Nos deja ver cómo María Magdalena tenía comunicación con Jesús, cuando Él pronuncia su nombre, ella lo reconoce al instante.

▶ Nos confirma algo que ya sabemos, pero que es necesario recordar: que la Resurrección es parte central de nuestra fe. Ya lo dice el apóstol Pablo en su primera carta a los Corintios: "Si Cristo no resucitó, nuestra predicación no tiene sentido, como tampoco la fe de ustedes" (1 Cor 15:14).

▶ Nos recuerda que Jesús se nos revela por medio de diversas personas o acontecimientos.

▶ Nos anima a que revivamos en nosotros la esperanza de la resurrección, de la vida eterna.

▶ Nos recuerda que los seguidores de Jesús seguimos no a algo, sino a alguien, a un resucitado, a alguien que ha vencido la muerte.

¿Qué nos dice el *Catecismo de la Iglesia Católica*?

638   "Os anunciamos la buena nueva de que la promesa hecha a los padres Dios la ha cumplido en nosotros, los hijos, al resucitar a Jesús (Hch 13:32-33). La Resurrección de Jesús es la verdad culminante de nuestra fe en Cristo, creída y vivida por la primera comunidad cristiana como verdad central, transmitida como fundamental por la Tradición, establecida en los documentos del Nuevo Testamento, predicada como parte esencial del Misterio Pascual al mismo tiempo que la cruz:

     Cristo ha resucitado de los muertos, con su muerte ha vencido a la muerte. Y a los muertos ha dado la vida. (Liturgia bizantina: Troparío del día de Pascua)

272   Prueba de la omnipotencia divina.

640   El sepulcro vacío.

641   Apariciones del Resucitado empezando por María Magdalena.

647   La Resurrección, un acontecimiento trascendente.

651   Confirmación de lo dicho y enseñado por Jesús.

652   En ella se cumplen las promesas del Antiguo Testamento.

653   En ella se confirma la divinidad de Jesús.

654   La Resurrección nos da acceso a una nueva vida, por medio de la justificación y la adopción filial.

655   Principio y fuente de nuestra futura resurrección.

656   Fe en la resurrección.

Cuestionario para la reflexión personal

▶ ¿Tengo urgencia de encontrar a Jesús como la tenía María Magdalena? ¿Pongo todo de mi parte como lo puso ella?

▶ ¿Hay circunstancias y acontecimientos de mi vida pasada que me avergüenzan? ¿He acudido al sacramento de la reconciliación, le he pedido perdón a Dios sabiendo que Él me perdona y he comenzado una vida nueva? Si no lo he hecho, ¿lo haré? ¿Veo la necesidad de acudir a su misericordia y sanar las heridas profundas que tengo?

▶ ¿Busco a Jesús? ¿En dónde? ¿Soy consciente de que Él está presente en mi vida diaria, en mi familia, en mis compañeros de trabajo, en los miembros de mi comunidad, pero de manera especial en los más necesitados?

▶ ¿Busco establecer una comunicación con Jesús? ¿Oro? ¿Le tengo presente durante el día en las diversas actividades que realizo? ¿Se las ofrezco? ¿Le pido su compañía y guía? ¿Consulto con Él antes de tomar una decisión?

▶ ¿He anunciado a Jesús? ¿He llevado la buena nueva a otras personas? ¿Soy su apóstol?

▶ ¿Considero que llorar está mal, que es signo de debilidad?

▶ ¿Reconozco a Jesús en mi vida diaria, veo su mano amorosa en los acontecimientos de mi vida?

▶ ¿Qué pienso de la Resurrección? ¿Le doy el valor que tiene?

- ¿Hay alguna persona que haya sido para mí un mensajero de Jesús? ¿Quién? ¿Cómo? ¿Cuándo?
- ¿Me ilusiona llegar al Cielo? ¿Qué hago para llegar?

Preguntas para compartir en grupo

- ¿Qué hemos aprendido de María Magdalena?
- ¿Qué nos enseña María Magdalena acerca del seguimiento de Jesús en las buenas y en las malas?
- A través de la vida, ¿quién nos ha anunciado a Jesucristo resucitado? ¿Papás, abuelita, una religiosa, un maestro, un sacerdote, un amigo, varios amigos?
- Jesús le dio a María Magdalena la misión de llevar la noticia de la Resurrección a los apóstoles. Él lo podía haber hecho. ¿Por qué se lo pidió a ella? ¿Por qué Jesús se vale de seres humanos para anunciar su mensaje?
- ¿Por qué es importante la Resurrección para la humanidad? Conviene consultar el *Catecismo de la Iglesia Católica* que nos habla de la Resurrección en los números 638-658.
- La virtud de la esperanza es característica de los seguidores de Jesús. ¿Por qué?
- Durante la Misa de la Vigilia Pascual (noche del sábado anterior al Domingo de Resurrección) se recita un bellísimo himno, en el que se repasan los prodigiosos acontecimientos de la historia de la salvación. El himno se llama "Pregón Pascual" y en él la Iglesia aclama y se alegra con la Resurrección de Jesús. Puede leerse y comentarse en grupo.

Propósitos prácticos

- Vivir como seguidor de Jesús Resucitado.
- Darle gracias a Dios por habernos dado a su Hijo para que tengamos vida y vida en abundancia (Jn 10:10).

- Darle gracias a Jesús por haber muerto y resucitado por nosotros, porque fue obediente hasta la muerte y ¡muerte de cruz! (Flp 2:8).

- Cuando llegue la época del año de la Pascua de Resurrección, vivirla de una manera diferente, consciente de que es una época de gran alegría para nosotros los miembros de la Iglesia porque Jesús resucitó.

- Recordar que Jesús se vale de personas para llevarnos hacia Él y que yo puedo ser una de esas personas para los demás.

- Recordar, especialmente en momentos difíciles, la frase del Pregón Pascual que dice:

  ¡Qué asombroso beneficio de tu amor por nosotros!
  ¡Qué incomparable ternura y caridad!
  ¡Para rescatar al esclavo, entregaste al Hijo!

- Tener esperanza aun cuando toda parezca perdido, aun cuando parezca que no hay salida.

- A tener siempre presente que somos cristianos (seguidores de Cristo) porque creemos en la Resurrección.

Oración

En la Iglesia Ortodoxa Griega, en ocasión de la Pascua de Resurrección, se acostumbra felicitarse unos a otros con la frase: Christos Anesti! Alithos Anesti!, que en español se traduce como: ¡Cristo ha resucitado! ¡Verdaderamente ha resucitado!

Ahora nosotros oramos diciendo:

Cristo, Tú que verdaderamente has resucitado, sé Tú mi resurrección y vida.
Cristo, Tú que verdaderamente has resucitado, auxilia a los padres de familia, quienes con sacrificio y entrega hacen

lo mejor que pueden para educar a sus hijos en la fe.

Cristo, Tú que verdaderamente has resucitado, asiste a los trabajadores quienes diariamente ponen su empeño en laborar honradamente.

Cristo, Tú que verdaderamente has resucitado, socorre a aquellos que no le encuentran sentido a su vida.

Cristo, Tú que verdaderamente has resucitado, ayuda al desamparado y al desempleado.

Cristo, Tú que verdaderamente has resucitado, acompaña al que se encuentra solo, triste y sin ilusiones.

Cristo, Tú que verdaderamente has resucitado, protege a los indefensos, de manera especial a aquellos que no se pueden defender por sí solos, los bebés en el seno materno.

Cristo, Tú que verdaderamente has resucitado, acompaña a los prisioneros.

Cristo, Tú que verdaderamente has resucitado, guarda a tus sacerdotes y a tus almas consagradas.

Cristo, Tú que verdaderamente has resucitado, conduce a tu Iglesia a Ti.

¡Cristo ha resucitado! ¡Verdaderamente ha resucitado!

(Aquí se anima a cada persona a completar las siguientes frases de acuerdo con aquello que tiene en lo profundo de su corazón)

Cristo, Tú que verdaderamente has resucitado, anima a…

Cristo, Tú que verdaderamente has resucitado, alienta a…

Cristo, Tú que verdaderamente has resucitado, fortalece a…

Cristo, Tú que verdaderamente has resucitado, ampara a…

Cristo, Tú que verdaderamente has resucitado, acoge a…

¡Cristo ha resucitado! ¡Verdaderamente ha resucitado!

III
MUJERES QUE
EXPERIMENTAN
EL AMOR Y
LA SALVACIÓN
DE JESÚS

CAPÍTULO 8

▼▼▼▼▼▼▼

Una mujer que padecía flujo de sangre desde hacía doce años y su encuentro personal con Jesús

"Jesús se fue con Jairo; estaban en medio de un gran gentío, que lo oprimía. Se encontraba allí una mujer que padecía un derrame de sangre desde hacía doce años. Había sufrido mucho en manos de muchos médicos y se había gastado todo lo que tenía, pero en lugar de mejorar, estaba cada vez peor.

Como había oído lo que se decía de Jesús, se acercó por detrás entre la gente y le tocó el manto. La mujer pensaba: «Si logro tocar, aunque sólo sea su ropa, sanaré». Al momento cesó su hemorragia y sintió en su cuerpo que estaba sana.

Pero Jesús se dio cuenta de que un poder había salido de Él, y dándose vuelta en medio del gentío, preguntó: «¿Quién me ha tocado la ropa?». Sus discípulos le contestaron: «Ya ves cómo te oprime toda esta gente ¿y preguntas quién te tocó?». Pero él seguía mirando a su alrededor para ver quién le había tocado. Entonces la mujer, que sabía muy bien lo que le había pasado, asustada y temblando, se postró ante Él y le contó toda la verdad.

Jesús le dijo: «Hija, tu fe te ha salvado; vete en paz y queda sana de tu enfermedad»" (Mc 5:24-34).

Objetivo

«Si logro tocar, aunque sólo sea su ropa [de Jesús], sanaré» (Mc 5:28), era el deseo de esta mujer quien se encontraba entre la muchedumbre que rodeaba a Jesús.

Esta mujer de quien nos dice el Evangelio que había padecido flujo de sangre durante doce años, tenía la convicción de que acercándose a Él las cosas cambiarían. Se anima y, poco a poco, se va acercando hasta lograr tocar la orla de su manto e inmediatamente las cosas cambian.

Esta mujer es un ejemplo de fe, tenacidad, constancia y esfuerzo para nosotros, los cristianos del siglo XXI. Nos enseña a poner todo de nuestra parte para encontrarnos de manera personal con Jesús.

Texto bíblico: *Mt 9:20-22; Mc 5:25-34; Lc 8:43-48*

Introducción al personaje

¿Quiénes esta mujer de quien nos hablan los tres Evangelios sinópticos y de quien nos dicen que había padecido flujo de sangre desde hacía doce años?

Su nombre no lo sabemos. Lo que sabemos es sobre su enfermedad y su sufrimiento. Sabemos que había visitado a muchos médicos, que había gastado su fortuna buscando ser curada, que no lo había conseguido y que decide acercarse a Jesús haciendo todo lo posible para entrar en contacto con Él.

Esta mujer empieza buscando ser sanada y se encuentra con Jesús el sanador. Empieza buscando el don de la salud y se encuentra con Jesús, el dador de todos los dones.

Cabe hacer notar que algunas traducciones de la Biblia la llaman: "la hemorroísa".

Desarrollo de la historia bíblica

Lo primero que se nos viene a la mente después de haber leído su historia es: "¡pobre mujer, doce años y no dejaba de sangrar!" Con seguridad estaría anémica, pálida, triste, cansada y con ojeras. Pero para esta mujer su desdicha no se acababa ahí; su tragedia se veía magnificada por las costumbres de la época. En aquel tiempo una mujer era considerada impura si tenía un derrame de sangre que durara muchos días fuera del tiempo de sus reglas. Y no sólo se consideraba impura a ella, sino que además: "toda cama en que se acueste mientras dure su derrame será impura,[...] y cualquier mueble sobre el que se siente quedará impuro igual. Quien los toque quedará impuro" (Lv 15:25-27).

Esta mujer había cargado por doce años no sólo con el sufrimiento físico que trae consigo la pérdida de sangre, que por lo general produce debilidad y desgana, sino que además, durante todo ese tiempo, había sido considerada impura y no había podido convivir con las demás personas de una manera normal. Había sido obligada a vivir aislada.

Además nos dice el Evangelio que había gastado toda su fortuna en visitas a médicos, quienes no sólo no la habían curado, sino que su condición había empeorado (Mc 5:26). ¡Qué tragedia la vida de esta mujer! Sufría física, espiritual, económica y socialmente.

Pero su vida cambió al encontrarse con Jesús. Nos dice el Evangelio de Marcos que ella había oído hablar de Jesús. Y así es como han empezado muchas historias de salvación y de amistad con el Señor. Comienzan con una persona hablándole a otra sobre Jesús. Nuestra propia relación con Jesús se inició así también; porque alguien: papá, mamá, abuelitos, una tía, un sacerdote, una religiosa, un amigo o compañero de trabajo, tuvo a bien hacernos el favor de hablarnos de Jesús.

Continuemos con la historia de esta mujer. Nos dice el Evangelio que al ver que Jesús sanaba a muchos, todas las personas que sufrían de algún mal se le echaban encima para tocarlo. Y esta mujer decide también acercarse a Él. Nos imaginamos que acercarse a Jesús en esos momentos no era algo sencillo, ya que estaba rodeado de todos aquellos que buscaban ser curados. Pero ella nos muestra su determinación y su arrojo, tenía que tocar a Jesús y puso manos a la obra. Se fue metiendo entre la multitud, "se acercó por detrás y tocó el fleco de su manto" (Mt 9:21) con la ilusión de que sanaría con sólo tocar su ropa. Para comprender en su totalidad por qué quería tocar el fleco de su manto tenemos que recorder lo que dice el libro de Números: "Dirás esto a los israelitas: Háganse flecos en los bordes de sus vestidos […]. Cuando los vean, se acordarán de todos los mandamientos de Yavé. De esta manera los pondrán en práctica y no seguirán las malas inclinaciones de su corazón o de sus ojos que los arrastran a la infidelidad. De ese modo se acordarán de todos mis mandamientos, los pondrán en práctica y serán santos delante de su Dios . […]. ¡Yo soy Yavé su Dios!" (Nm 15:38-41). Estos flecos de la orilla del manto sirven a los israelitas para recordar que el cumplir con los mandamientos de Dios los hará santos delante de Dios.

Qué hermosa imagen, la mujer poniendo todo de su parte con tal de estar cerca de Jesús. ¡Y queda curada de manera inmediata! Jesús nota "que un poder había salido de Él, y dándose vuelta en medio del gentío, preguntó: «¿Quién me ha tocado la ropa?»". Sus discípulos le contestaron: «Ya ves cómo te oprime toda esta gente, ¿y preguntas quién te tocó?»" (Mc 5:30-31). "Alguien me ha tocado, pues he sentido que una fuerza ha salido de mí" (Lc 8:46). Y miraba a su alrededor para ver si descubría quien lo había tocado. "La mujer, al verse descubierta, se presentó temblando y se echó a los pies de Jesús. Después contó delante de todos por qué lo había tocado y cómo había quedado instantáneamente sana"(Lc 8:47).

Jesús le dijo: "Hija, tu fe te ha salvado; vete en paz" (Lc 8:48). "Tu fe te ha salvado", hermosas y maravillosas palabras dichas por Jesús a una mujer que había sufrido doce años de enfermedad física y de aislamiento emocional.

Esta es una extraordinaria historia de salvación, una historia que nos muestra lo que hace la fe, nos enseña la diferencia entre oír hablar de Jesús y tener una relación personal con Él, entre simplemente querer algo y poner los medios necesarios para lograrlo. En fin, es una maravillosa historia de fe.

¿Qué nos enseña la historia de esta mujer que padecía flujo de sangre desde hacía doce años?

▶ Nos enseña lo que logra la fe. Jesús claramente le dijo: "Hija, tu fe te ha salvado; vete en paz y queda sana de tu enfermedad" (Mc 5:34).

▶ Nos enseña a tomar la iniciativa, a no quedarnos con las ganas, la ilusión, el deseo de acercarnos a Jesús, sino a ser proactivos.

▶ Que para acercarnos a Jesús es necesario poner de nuestra parte.

▶ Que para lograr "tocar" a Jesús hay que dedicarle tiempo.

▶ Que Jesús tiene una atención especial para con aquellas personas que sufren.

▶ Nos enseña a buscar un encuentro personal con Jesús

▶ Nos muestra el bien grandísimo que les hacemos a los demás cuando les hablamos de Jesús.

▶ Nos enseña que el que no arriesga, no gana

▶ Nos recuerda que Jesús está pendiente de nosotros los hombres y de nuestras necesidades tanto físicas como espirituales.

► También nos enseña a no menospreciar a las personas que sufren malformaciones físicas, porque son diferentes o porque están pasando por un momento difícil.

► Nos enseña que es injusto "etiquetar" a las personas, es decir, clasificarlas. Si decimos "esta persona es así", esto las limita en nuestras mentes, ya que de ahí en adelante solamente pueden ser eso y nada más. Esta actitud es verdaderamente cruel e injusta.

► En resumen, nos enseña a tener fe, a poner todo de nuestra parte para encontrarnos de una manera personal con Jesús. Finalmente nos muestra cómo los que salimos ganado al "tocar" a Jesús somos nosotros, los seres humanos.

¿Qué nos dice el *Catecismo de la Iglesia Católica*?

2616   La oración a Jesús ya ha sido escuchada por Él durante su ministerio, a través de signos que anticipan el poder de su muerte y de su Resurrección: Jesús escucha la oración de fe expresada en palabras (del leproso [cf. Mc 1:40-41], de Jairo [cf. Mc 5:36], de la cananea [cf. Mc 7:29], del buen ladrón [cf. Lc 23:39-43]), o en silencio (de los portadores del paralítico [cf. Mc 2:5], de la hemorroísa [cf. Mc 5:28] que toca el borde de su manto, de las lágrimas y el perfume de la pecadora [cf. Lc 7:37-38]). La petición apremiante de los ciegos: "¡Ten piedad de nosotros, Hijo de David!" (Mt 9:27) o "¡Hijo de David, Jesús, ten compasión de mí!" (Mc 10:48) ha sido recogida en la tradición de la oración a Jesús: "Señor Jesucristo, Hijo de Dios, ten piedad de mí, pecador". Sanando enfermedades o perdonando pecados, Jesús siempre responde a la plegaria del que le suplica con fe: "Ve en paz, ¡tu fe te ha salvado!".

146 Definición de la fe dada por la carta a los Hebreos: "La fe es garantía de lo que se espera; la prueba de las realidades que no se ven" (Hb 11:1).

150 La fe es ante todo una adhesión personal del hombre a Dios

547 Jesús acompaña sus palabras con numerosos «milagros, prodigios y signos».

548 Jesús concede lo que le piden a los que acuden a Él con fe.

549 Aunque Jesús liberó a algunos hombres de males terrenos como la enfermedad, vino para liberar a los hombres de la esclavitud del pecado que es el obstáculo en su vocación de hijos de Dios.

561 La vida de Cristo fue una continua enseñanza: su silencio, sus milagros, su muerte y su Resurrección.

1718 Dios ha puesto en el corazón humano el deseo de felicidad, a fin de atraerlo hacia Él.

1730 Dios creó al hombre y le dio la capacidad de decisión y de mando sobre sus actos.

1731 La libertad da al hombre la capacidad de obrar o no obrar y es una fuerza de crecimiento.

1732 La libertad caracteriza a los actos humanos y se convierte en origen de meritos o deméritos.

1733 Cuanto mejor actúa el hombre, es más libre, ya que la libertad esta ordenada al servicio del bien.

1734 La libertad hace al hombre responsable de sus actos.

1735 La responsabilidad de una acción puede quedar disminuida, incluso suprimida por ignorancia, violencia y otros factores psicológicos o sociales.

Cuestionario para la reflexión personal

▶ ¿Qué pienso del comportamiento de esta mujer?

▶ ¿Sería yo capaz de meterme entre la multitud, exponerme a ser maltratada con tal de tener un encuentro personal con Jesús?

▶ ¿He tenido la experiencia de conocer personalmente a Jesús? ¿Es Jesús para mí algo más que una estampita con una imagen suya? ¿Es mi compañero de vida?

▶ La mayoría de las personas habrían tratado a esta mujer como una persona de poca importancia o como una apestada. ¿Cómo la hubiera tratado yo? ¿Me hubiese acercado a ella aunque estuviera considerad como impura? ¿O me hubiese alejado? ¿La hubiese criticado por mezclarse entre la gente cuando ella sabía que de acuerdo con las leyes no lo debía hacer?

▶ ¿Qué aprendí de la respuesta de Jesús a la mujer? ¿Cómo trata Jesús a los que sufren? ¿Cómo los trato yo?

▶ ¿He estado en contacto con alguna persona que haya estado pasando por un sufrimiento muy grande? ¿Cómo la traté? ¿Cómo me hubiese gustado haberla tratado?

▶ Yo, ¿he sufrido mucho? ¿Cómo me han tratado las demás personas? ¿Cómo me ha tratado Jesús?

▶ ¿Qué puedo hacer para "tocar" a Jesús? ¿Estoy dispuesta a "tocar" a Jesús aunque esto signifique un esfuerzo de mi parte?

▶ ¿Soy constante en lo que me propongo o cuando vienen las dificultades dejo las cosas a medias?

Preguntas y actividades para realizar en grupo

► ¿Qué hemos aprendido de esta mujer que padeció flujo de sangre durante doce años?

► Nosotros no sólo tocamos su manto, sino que tenemos los sacramentos. ¿Alcanzamos a comprender que los sacramentos son mucho más que tocar su manto?

► Compartir qué pensamos sobre la definición de la fe dada por la carta a los Hebreos: «La fe es garantía de lo que se espera; la prueba de las realidades que no se ven» (Hb 11:1).

► ¿Qué nos enseña este versículo del libro del Eclesiástico?: "Hijo mío, cuando estés enfermo no te deprimas: ruégale al Señor para que te cure" (Eclo 38:9).

► A Jesús nadie se le pierde entre la muchedumbre. Aunque estaba rodeado de gente que lo apretaba, Jesús supo perfectamente que la hemorroísa le había tocado. Compartir en grupo algunas ocasiones en las cuales hayan sentido la presencia de Jesús en sus vidas.

► Benedicto XVI en su Carta Encíclica "Deus Caritas Est" escribe: "No se comienza a ser cristiano por una decisión [...] o una gran idea, sino por el encuentro [...] con una Persona [Cristo], que da un nuevo horizonte a la vida" (Deus Caritas Est 1). ¿Qué pensamos de esta afirmación?

► El mundo divide a las personas entre los importantes y los no importantes. Para Jesús todos somos importantes, todos somos hijos de Dios. ¿Realmente creemos esto? ¿Nos consuela saberlo?

► San Pablo en su segunda carta a los Corintios nos dice que Jesús le dijo "Te basta mi gracia" (2 Cor 12:9). ¿Nos consuela saber que contamos con su ayuda?

► Comentar los sentimientos que despierte en nosotros la siguiente afirmación hecha por Jesús: "Vengan a mí los que van cansados, llevando pesadas cargas, y yo los aliviaré. Carguen con mi yugo y aprendan de mí, que soy paciente y humilde de corazón y sus almas encontrarán descanso. Pues mi yugo es suave y mi carga liviana" (Mt 11:28-30)

▶ Leer la siguiente cita del libro del Eclesiástico y compartir nuestra opinión sobre lo que dice: "Tenle al médico toda la estima que se merece, debido a sus servicios porque así lo quiso el Señor. La mejoría viene del Altísimo, y es el Rey quien concede el don de sanar" (Eclo 38:1. 6-8).

Propósitos prácticos

▶ Pedir a Dios que aumente mi fe.

▶ ¿Qué voy a hacer ahora que he leído sobre esta mujer que padecía flujo de sangre desde hacía doce años? ¿Qué aprendí de su comportamiento?

▶ Pedir a Jesús que me permita tener un encuentro personal con Él.

▶ Dedicar tiempo a la oración, a la lectura de la Sagrada Escritura, a la lectura de libros que me acerquen a Jesús.

▶ Hablar de Jesús a los demás. Acercarlos a Él.

▶ Pedir a Jesús que toque el corazón de aquel familiar, de aquel compañero de trabajo, de aquel vecino, de aquel amigo, que no lo conoce o que conociéndolo está lejos de Él.

▶ Celebrar los sacramentos, especialmente la Eucaristía y la Reconciliación.

▶ Ante el sufrimiento, hacer lo que hizo esta mujer, correr a Jesús, tratar a como dé lugar de estar cerca de Él.

▶ Ayudar a los demás a perseverar en momentos de dificultad y de pruebas físicas y emocionales.

▶ Tratar a las personas como lo que son: creaturas de Dios. Hacer esto independientemente del color de su piel, de su país de origen, del idioma que hablen o de su educación escolar.

- No "etiquetar" a las personas por las apariencias externas, no sé por lo que están pasando, por lo que hayan pasado en su infancia, sus dolores y sus necesidades. Más bien, ayudarlas en lo que pueda.
- Ser constante en lo que hago. Si empiezo algo, terminarlo, no dejarlo a medias porque me está costando trabajo. Puede ser un libro, una clase, una dieta, un programa de ejercicio, etc.

Oración

Oración de Juan Pablo II

En la casa de los moribundos e indigentes
Nirmal Hriday de Calcuta
Lunes 3 de febrero de 1986

"Dios todopoderoso y sempiterno,
    Padre de los pobres,
    consuelo de los enfermos,
    esperanza de los moribundos.
Tu amor guía cada instante de nuestras vidas.
    […] en este sitio de cuidado amoroso
    para los enfermos y los moribundos,
    elevamos nuestras mentes y nuestros corazones
    en oración.
    Te alabamos por el don de la vida humana
    y especialmente por la promesa de la vida eterna.
    Sabemos que estás siempre cerca
    de los afligidos y de los marginados,
    de los débiles y de los que sufren.
Oh Dios de ternura y compasión,
    acepta las oraciones que te ofrecemos
    por nuestros hermanos y hermanas enfermos.

Incrementa su fe y su esperanza en Ti.
Confórtalos con tu presencia amorosa
y, si es tu voluntad, devuélveles la salud,
dales una fuerza renovadora de cuerpo y alma.
Oh Padre amoroso,
bendice a aquellos que están para morir,
bendice a aquellos que muy pronto se encontrarán
contigo, cara a cara.
Creemos que Tú has hecho de la muerte
la puerta que nos conduce a la vida eterna.
Mantén a nuestros hermanos y hermanas moribundos
en tu amor,
llévalos sin tropiezo y cuidadosamente contigo
a la morada de la vida eterna.
Oh Dios, fuente de toda fortaleza,
asiste y protege a aquellos que cuidan de los enfermos
y que atienden a los moribundos.
Dales un espíritu valiente y gentil.
Sostenlos en sus esfuerzos de consolar y curar.
Conviértelos cada vez más
en un símbolo radiante de tu amor transformador.
Oh Señor de la vida
y fundamento de nuestra esperanza,
vuelca tus abundantes bendiciones sobre aquellos
que viven,
trabajan y mueren […].
Cólmalos de tu paz y de tu gracia.
Hazles ver que eres un padre amoroso,
un Dios de misericordia y compasión".
Amén.

CAPÍTULO 9

▼▼▼▼▼▼▼

LA SAMARITANA
Mujer que se convierte de corazón en seguidora de Jesús

"Sí, Dios tiene sed de nuestra fe y de nuestro amor. Como un padre bueno y misericordioso, desea para nosotros todo el bien posible y este bien es Él mismo. En cambio, la mujer samaritana representa la insatisfacción existencial de quien no ha encontrado lo que busca: había tenido «cinco maridos» y convivía con otro hombre; sus continuas idas al pozo para sacar agua expresan un vivir repetitivo y resignado. Pero todo cambió para ella aquel día gracias al coloquio con el Señor Jesús, que la desconcertó hasta el punto de inducirla a dejar el cántaro del agua y correr a decir a la gente del pueblo: «Venid a ver un hombre que me ha dicho todo lo que he hecho: ¿será este el Mesías?» (Jn 4:28-29).

Queridos hermanos y hermanas, también nosotros abramos el corazón a la escucha confiada de la palabra de Dios para encontrar, como la samaritana, a Jesús que nos revela su amor y nos dice: el Mesías, tu Salvador, «soy yo: el que habla contigo» (Jn 4: 26)".

Benedicto XVI
Ángelus, III Domingo de Cuaresma
24 de febrero de 2008

Objetivo

"Si conocieras el don de Dios, si supieras quién es el que te pide de beber, tú misma le pedirías agua viva y Él te la daría." (Jn 4:10). Con estas palabras se inicia una hermosísima historia de conversión y comunicación.

Texto bíblico: *Jn 4:4-42*

Introducción al personaje

En este capítulo hablaremos sobre un encuentro de Jesús con una mujer en el pozo de Jacob, situado en la región de Samaría. Es un encuentro muy fructífero, ya que Jesús le habla del "agua viva", le demuestra que conoce su vida y le revela que Él es el Mesías.

Lo que parecía obra de la casualidad se convierte en un proceso de conversión que termina en la proclamación del mesianismo de Jesús, ya que la samaritana corre a llevarles a los habitantes de la ciudad la noticia de que había encontrado al Mesías. Estos habitantes hacen una preciosa y concluyente declaración de fe al terminar la narración: "sabemos que éste es verdaderamente el Salvador del mundo" (Jn 4:42).

Desarrollo de la historia bíblica

Antes que nada, y para poder comprender bien este pasaje evangélico, es necesario explicar dónde se localizaba Samaría. En la época de Jesús el área geográfica por donde Él predicaba estaba dividida en tres territorios. En el norte quedaba Galilea, donde se encontraban las ciudades de Nazaret, Cafarnaúm, Caná, Tiberíades. En el extremo sur se encontraba el territorio de Judea, donde se hallaban las ciudades de Jerusalén y Belén. Y entre estos dos territorios, se encontraba Samaría.

Cabe aclarar que había una vieja enemistad entre los judíos y los samaritanos. Riña que se originó en la época de la reconstrucción del Templo de Jerusalén (Esd 4). Por ello la samaritana se sorprende ante la petición hecha por Jesús de que le diera agua y pregunta: "¿Cómo tú, que eres judío, me pides de beber a mí, que soy una mujer samaritana? (Se sabe que los judíos no tratan con los samaritanos)" (Jn 4:9).

¿Cómo es que Jesús llegó a la región de Samaría siendo que para ir de la región de Judea a Galilea, podía haber tomado otro camino? ¿Acaso, quería encontrarse con la esta mujer samaritana? ¿Necesitaba encontrarse con ella? ¿Necesitaba que se convirtiera? Con seguridad sí, ya que Jesús no deja pasar oportunidad para entrar en contacto con quien lo necesita.

Recordemos otras ocasiones en las cuales Jesús se "encontró" con quien lo necesitaba. Como cuando llegó a Jericó "miró hacia arriba [del árbol] y le dijo: «Zaqueo, baja en seguida, pues hoy tengo que quedarme en tu casa»" (Lc 19:5). También cuando fue a la casa de Pedro y se "encontró a la suegra de éste en cama, con fiebre. Jesús le tocó la mano y se le quitó la fiebre" (Mt 8:14b-15).

El Evangelio de Juan es el único de los cuatro Evangelios que nos narra este encuentro. Nos dice que Jesús, fatigado del camino, se sienta a la orilla del pozo, a la hora que nosotros llamamos las doce del mediodía, hora en que el sol pega de lleno y el calor arrecia. Entonces entabla una conversación con la mujer.

Algunos se preguntan: ¿qué hacía esta mujer yendo al pozo cuando el sol estaba en su máximo esplendor? A ciencia cierta no lo sabemos, pero algunos expertos dicen que seguramente estaba tratando de evitar encoutrarse con las otras mujeres del pueblo que irían por agua temprano en la mañana o en la tarde, cuando el sol hubiese declinado un poco. ¿Por qué no querría entrar en contacto con ellas? Lo veremos más adelante.

Jesús le pide que le dé de beber (Jn 4:7), pues sus discípulos se habían ido a la ciudad a comprar comida. Extrañada ante la petición, la mujer le recuerda que entre judíos y samaritanos no se llevan bien.

Jesús responde de manera magistral, en lo que podemos considerar que es el versículo central de esta narración: "Si conocieras el don de Dios, si supieras quién es el que te pide de beber, tú misma le pedirías agua viva y Él te la daría" (Jn 4:10). Jesús quiere comunicarle su amor, quiere que sepa cuánto la ama, cómo está pendiente de ella. Se lo dice a ella y nos lo dice a nosotros, si sólo comprendieran quien es Él, seríamos nosotros los que le pediríamos de su "agua viva" y Él nos la daría.

La mujer le replica, ¿cómo vas a hacer eso, si no tienes ni con qué sacar agua de este pozo que es muy profundo? Jesús le respondió: "El que beba de esta agua volverá a tener sed, pero el que beba del agua que yo le daré nunca volverá a tener sed. El agua que yo le daré se convertirá en él en un chorro que salta hasta la vida eterna" (Jn 4:13-14). Lógicamente, la mujer le pide de esa agua para no tener más sed.

Así es como Jesús entra en contacto con esta mujer para saciar su sed, que no era solamente una sed física sino que se trataba de una sed más profunda, una sed de Dios; aunque ella todavía no lo lograba comprender.

Continúa la historia con Jesús pidiéndole que llame a su marido. Ella le confiesa que no tiene, a lo que Jesús le dice que ha dicho la verdad porque el que tiene en ese momento no es suyo, además de que ha tenido otros cinco. ¡Ahora entendemos por qué iba al pozo a mediodía! ¡Para no encontrarse con las esposas de aquellos hombres!

La samaritana ruborizada dice "Señor, veo que eres profeta" (Jn 4:19).

La conversación continúa con Jesús hablándole de Dios. Le dice que Dios es Espíritu y que debe ser adorado en espíritu y en verdad (Jn 4:24). La mujer le cuenta que ella sabe que va a venir el Mesías y que cuando venga les explicará todo. A lo que Jesús responde: "Ése soy yo, el que habla contigo" (Jn 4:26).

Ante esta revelación la mujer se siente impulsada a anunciar a los suyos que ha encontrado al Mesías. Y dejando su cántaro, corre a la ciudad y dice a la gente: "«Vengan a ver a un hombre que me ha dicho todo lo que he hecho. ¿No será éste el Cristo?». Salieron, pues, del pueblo y fueron a verlo" (Jn 4:29-30).

Mientras tanto llegaron los discípulos con la comida que habían ido a comprar y le insistían a Jesús que comiera. Jesús haciendo una afirmación contundente les dice: "Mi alimento es hacer la voluntad de aquel que me ha enviado y llevar a cabo su obra" (Jn 4:34).

En este pasaje entrevemos cómo Jesús está totalmente comprometido y embebido en su misión. Jesús habla del agua que da vida, la mujer habla del agua que quita la sed. Lo mismo sucede con los apóstoles, Jesús habla de su alimento que es hacer la voluntad de su Padre y los discípulos hablan del alimento que quieta el hambre. Cada uno con sus preocupaciones, cada uno con sus amores.

El encuentro con Jesús hace que la samaritana se convierta así en una mensajera. Su conversión la lleva a hablar a los demás del tesoro que encontró. Quien conoce a Dios no puede quedarse cayado, la verdad es tan grande que se quiere compartir con los demás. Es así como "muchos samaritanos de aquel pueblo creyeron en Él".

"Cuando llegaron los samaritanos donde él, le pidieron que se quedara con ellos. Y se quedó allí dos días. Muchos más creyeron al oír su palabra, y decían a la mujer: «Ya no creemos por lo que tú has contado. Nosotros mismos lo hemos escuchado y sabemos que éste es verdaderamente el Salvador del mundo»" (Jn 4:40-42).

¿Qué nos enseña la historia de esta mujer samaritana que se convierte de corazón en seguidora de Jesús?

▶ Nos enseña que Jesús quiere que conozcamos el don de Dios.

▶ Nos recuerda que Jesús puede darnos de beber agua viva, que "se convertirá en él en un chorro que salta hasta la vida eterna".

▶ Nos enseña que Jesús, como verdadero hombre, necesitaba beber agua, se cansaba del camino, se sentaba a descansar.

▶ Nos recuerda que Jesús es verdadero Dios y verdadero hombre, por lo tanto nos entiende. Entiende nuestro cansancio, nuestras fatigas, nuestros dolores y alegrías.

▶ Nos enseña que quien conoce a Jesús no puede quedarse cayado. Se convierte en un heraldo del Evangelio, de la Buena Nueva.

▶ Nos muestra cómo la vida cristiana se basa en dos pilares: conversión y comunicación. La conversión es llevada a la plenitud cuando se comparte con los demás.

▶ Nos muestra cómo la samaritana era, sin duda, una mujer considerada inferior, no sólo por la región donde vivía, sino también por su estilo de vida. Sin embargo Jesús llegó a ella, se sentó en el pozo donde ella acostumbraba ir, para poder platicar con ella.

▶ Nos recuerda que para Jesús no hay ciudadanos de segunda. Él vino para salvarnos a todos. Nos dice: "No son las personas sanas las que necesitan médico, sino las enfermas" (Lc 5:31).

▶ Que el amor que Dios nos tiene es como «una fuente que brota para la vida eterna» (Jn 4:14).

▶ Que una persona puede tener grandes problemas, puede estar alejada de Dios, pero una vez que se acerca a Dios, está tan llena de gratitud y de asombro, que el sentimiento de vergüenza que tenía muere y se convierte en un portavoz de la verdad.

Así deja claro el mensaje a los demás: "miren lo que era y miren lo que soy ahora después de conocer a Jesús".

▶ Nos muestra cómo los samaritanos, a quienes esta mujer les habla de Jesús, no se conforman con una fe recibida, con una fe "de oídas", sino que corren a conocer a Jesús.

▶ Nos enseña cómo la mujer pasa de una búsqueda superficial a una más profunda. De ver en Jesús a un simple hombre judío, a ver en Él al Mesías. De querer agua que apagara la sed, a alegrase del "agua viva".

▶ Nos muestra cómo su fe y su ánimo de transmitir a Jesús hace que deje el cántaro que había ido a llenar, para ir corriendo a anunciar que había encontrado al Salvador del mundo.

▶ También nos enseña cómo las cosas y los amores humanos no son todo, ya que fuimos hechos para la eternidad y cómo sólo Dios puede saciar esa sed de eternidad.

▶ Nos enseña que con su testimonio esta mujer logró que muchos conocieran a Jesús, que fueran a Él en búsqueda de "agua viva" que apaga la sed del espíritu.

▶ Nos muestra cómo esta mujer se convierte en mensajera y apóstol para los habitantes de su pueblo.

▶ Nos aclara que la samaritana estaba esperando la llegada del Mesías, confiada en que Él les enseñaría todo.

▶ En resumen, nos enseña que el primer paso en la conversión de esta mujer lo dio Jesús, pero que fue necesario que ella diera los pasos siguientes, ya que Dios respeta nuestra libertad.

1435 "La conversión se realiza en la vida cotidiana mediante gestos de reconciliación, la atención a los pobres, el ejercicio y la defensa de la justicia y del derecho (Am 5:24; Is 1:17), por el reconocimiento de nuestras faltas ante los hermanos, la corrección fraterna, la revisión de vida, el examen de conciencia, la dirección espiritual, la aceptación de los sufrimientos, el padecer la persecución a causa de la justicia. Tomar la cruz cada día y seguir a Jesús es el camino más seguro de la penitencia (Lc 9:23)".

160 Cristo invita a la fe y a la conversión, pero no fuerza.

523 Juan el Bautista proclama la conversión.

591 Rechazo de la conversión por parte de las autoridades religiosas de Jerusalén.

981 Cristo, después de la Resurrección, envía a sus apóstoles a predicar la conversión para el perdón de los pecados.

1036 Las enseñanzas de la Iglesia a propósito del infierno constituyen un llamamiento a la conversión.

1423 El sacramento de de la Penitencia y de la reconciliación es un sacramento de conversión.

1426 Fragilidad humana y conversión.

1428 La llamada de Cristo a la conversión sigue estando presente en la vida de los cristianos.

1430 La conversión de corazón está íntimamente ligada a la penitencia interior.

1432 La conversión es una obra de la gracia de Dios que hace volver nuestros corazones.

1436 La conversión encuentra su alimento en la Eucaristía.

1439 El proceso de la conversión y la penitencia en la parábola del Hijo Pródigo.

1440   El pecado rompe la comunión con Dios y con la Iglesia, la conversión implica el perdón de Dios y la reconciliación con la Iglesia.

1486   Pecado y conversión.

1490   La conversión y el arrepentimiento implican un dolor y aversión a los pecados cometidos.

1502   La enfermedad como camino de conversión.

1792   El desconocimiento de Cristo y de su Evangelio y la falta de conversión pueden conducir a desviaciones de juicios en los actos morales.

1797   Conciencia y conversión.

1848   La gracia debe descubrir el pecado para convertir nuestro corazón.

1856   El pecado mortal, la conversión y el sacramento de la reconciliación.

1888   Conversión interior permanente para obtener cambios sociales.

1896   La conversión de corazón empuja a la búsqueda de la justicia.

1989   La primera obra de la gracia del Espíritu Santo es la conversión.

1993   Justificación y conversión.

2027   La gracia y la conversión.

2560   La maravilla de la oración se revela junto al pozo.

2595   Los profetas llaman a la conversión.

2608   La conversión de corazón y el Sermón de la Montaña.

2609   La conversión y la fe.

2612   La proximidad del Reino de Dios y la conversión.

2652   El Espíritu Santo es el "agua viva".

2708   La oración y la conversión.

Cuestionario para la reflexión personal

▸ ¿Qué aprendí de la samaritana?

▸ ¿Sería yo capaz de reconocer a Jesús como lo reconoció ella?

▸ ¿Cómo conocí a Jesús?

▸ ¿Alguna persona me habló de Jesús?

▸ ¿Qué fue lo que me convenció? ¿Las palabras de quien me habló de Jesús o su manera de vivir?

▸ Y yo, ¿doy testimonio de Jesús con mi vida?

▸ Jesús les dijo: "Mi alimento es hacer la voluntad de aquel que me ha enviado y llevar a cabo su obra" (Jn 4:34). ¿Cuál es mi alimento?

▸ ¿Tengo momentos dedicados a la oración donde el Señor me da de beber "agua viva" y me alimenta?

▸ ¿Creo que Jesús es el Mesías, el salvador del mundo, el que tiene "agua viva"? Si verdaderamente lo creo, ¿cómo vivo? ¿Vivo como un creyente?

▸ ¿De qué tengo sed? ¿Qué me falta para ser totalmente feliz?

▸ ¿Siento la urgencia de la samaritana de anunciar a Jesús a los demás?

▸ ¿Le he hablado de Jesús a alguien?

Preguntas y actividades para realizar en grupo

▸ A continuación se presentan varias citas de la Sagrada Escritura que hablan sobre el agua en un sentido figurativo. Nos hablan de la sed de Dios tiene que el alma y del agua que sólo Dios da. Leer y comentar en el grupo cuál de ellas gustó más, cual nos habla más de Dios, de cómo actúa Dios.

▷ "Como anhela la cierva estar junto al arroyo, así mi alma desea, Señor, estar contigo" (Sal 42:2).

▷ "A ver ustedes que andan con sed, ¡vengan a las aguas!" (Is 55:1).

▷ "Ese día brotará en Jerusalén un manantial que nunca se secará ni en verano ni en invierno y que estará siempre corriendo" (Zac 14:8).

▷ "Doble falta ha cometido mi pueblo: me ha abandonado a mí, que soy manantial de aguas vivas y se han cavado pozos, pozos agrietados que no retendrán el agua" (Jer 2:13).

▷ "Al que tenga sed yo le daré de beber gratuitamente del manantial del agua de la vida"(Ap 21:6).

▷ "Derramaré agua sobre el suelo sediento y los riachuelos correrán en la tierra seca. Derramaré mi espíritu sobre tu raza y mi bendición cubrirá tus descendientes" (Is 44:3).

▷ "Porque el Cordero que está junto al trono será su pastor y los guiará a los manantiales de las aguas de la vida; y Dios enjugará las lágrimas de sus ojos" (Ap 7:17).

▷ "Y ustedes sacarán agua con alegría de las vertientes de la salvación. (Is 12:3).

► Componer una oración de petición con la estrofa: "Señor, dame de esa agua, para que no tenga más sed" (Jn 4:15).

► Juan Pablo II en una Audiencia General habló sobre la samaritana y cómo transmitió la fe en Jesús. Leer cuidadosamente y comentar en el grupo:

"La mujer tiene una aptitud particular para transmitir la fe y, por eso, Jesús recurrió a ella para la evangelización. Así sucedió con la samaritana, a la que Jesús encuentra en el pozo de Jacob y elige para la primera difusión de la nueva fe en territorio no judío. El evangelista anota que, después de haber aceptado personalmente la fe en Cristo, la samaritana se apresura a comunicarla a los demás".

JUAN PABLO II
AUDIENCIA GENERAL
MIÉRCOLES, 13 DE JULIO DE 1994

Propósitos prácticos

▶ Vivir con la tranquilidad de saber que Jesús puede darme de beber agua viva que "se convertirá en él en un chorro que salta hasta la vida eterna".

▶ Aprender de Jesús, quien, aunque tenía mucho que hacer, se tomó tiempo para descansar a la orilla del pozo y dedicarse a platicar con la samaritana.

▶ Aprender de la samaritana a hablarle a los demás de ese encuentro personal con Jesús.

▶ Vivir de tal manera que sean mis actos, mi generosidad, mi alegría, la que hable de mi conversión, siguiendo el consejo de san Francisco de Asís: "Predica el Evangelio siempre. Usa palabras si es necesario".

▶ Siempre estar disponible para todos, como lo estaba Jesús.

▶ Dar nuestra ayuda material o espiritual a aquellos que necesiten, recordando las palabras de Jesús "cuando lo hicieron con alguno de los más pequeños de estos mis hermanos, me lo hicieron a mí" (Mt 25:40).

▶ Dejar mis "cántaros", mis seguridades, mis apegos materiales para anunciar a Jesús a los demás.

Oración

Señor Jesús, Tú que conoces los corazones humanos
    a la perfección,
porque no sólo los creaste, sino que al hacerte hombre
    tuviste uno.
Tú mejor que nadie sabes todo lo que yo guardo en él.
Tú conoces mi pasado, todo aquello que he vivido
    a través de estos años de vida que me has regalado.
Conoces mi presente, sabes por lo que estoy pasando
    ahora.

Conoces mis dolores, mis limitaciones, mis anhelos,
mis alegrías y mis esperanzas.
Por eso recurro hoy a Ti, Jesús.
Estoy como la mujer samaritana, con un cántaro
que siempre quiero llenar.
Nada me satisface, porque no hay nada creado,
que pueda saciar mi sed de Ti.
Te suplico que vengas a mi vida, que penetres
en la profundidad de mi corazón
y arranques todo aquello que me aparta de Ti.
Ayúdame a ser tuyo, a estar totalmente limpio,
para que así puedas llenar mi cántaro de Ti.
Y Tú siempre estés en mí.
Te pido que infundas en mi corazón una respuesta
siempre generosa a las necesidades de mis hermanos,
los hombres.
Te pido que sepa advertir que el camino del Evangelio
es el único camino a seguir para serte siempre fiel y
realizarme como hijo del Padre Celestial y
hermano tuyo.
Te pido que, como la samaritana, sea capaz de dejar
aquello a lo que estoy apegado y salir corriendo
a darte a conocer a los demás.
Amén.

CAPÍTULO 10

▼▼▼▼▼▼▼

La fe y perseverancia
de una mujer no judía

"[Se] nos presenta un singular ejemplo de fe: una mujer cananea, que pide a Jesús que cure a su hija, que «tenía un demonio muy malo». El Señor no hace caso a sus insistentes invocaciones y parece no ceder ni siquiera cuando los mismos discípulos interceden por ella, como refiere el evangelista san Mateo. Pero, al final, ante la perseverancia y la humildad de esta desconocida, Jesús condesciende: «Mujer, ¡qué grande es tu fe! Que se cumpla lo que deseas» (Mt 15:21-28).

«Mujer, ¡qué grande es tu fe!». Jesús señala a esta humilde mujer como ejemplo de fe indómita. Su insistencia en invocar la intervención de Cristo es para nosotros un estímulo a no desalentarnos jamás y a no desesperar ni siquiera en medio de las pruebas más duras de la vida. El Señor no cierra los ojos ante las necesidades de sus hijos y, si a veces parece insensible a sus peticiones, es sólo para ponerlos a prueba y templar su fe".

BENEDICTO XVI, ÁNGELUS
DOMINGO 14 DE AGOSTO DE 2005

Objetivo

Si el vivir de manera virtuosa es bueno, el perseverar en ello es mejor.

Ése es el caso de esta mujer, quien vive a la vez la virtud teologal de la fe y la virtud de la perseverancia. Por la fe cree en Jesús y en Él pone su confianza. Por la virtud de la perseverancia, hace todo lo posible para lograr lo que se propuso. Todo esto sin perder al buen ánimo, a pesar de ser cuestionada por Jesús.

Al final esta mujer logra su objetivo: la curación de su hija.

Texto bíblico: *Mt 15:21-28; Mc 7:24-30*

Introducción al personaje

Jesús va con sus discípulos a la región de Tiro y Sidón, localizada al noreste de la región de Galilea, donde se encuentra con esta mujer quien le suplica cure a su hija, que vive maltratada por un demonio. Tan persistente es su súplica, que hace que los discípulos intercedan por ella, con tal de que se calle.

La mujer persevera en su petición, contrarrestando con sus argumentos la negativa de Jesús.

Termina esta narración con la curación de su hija y las hermosas palabras de Jesús: "Mujer, ¡qué grande es tu fe! Que se cumpla tu deseo" (Mt 15:28).

Desarrollo de la historia bíblica

Extraordinaria historia sobre la fe y perseverancia de una mujer que no era miembro del pueblo judío y de cómo a base de persistencia, logró obtener de Jesús la curación de su hija.

Mateo le llama la mujer cananea, nombre con el que se designaba en el Antiguo Testamento a la región donde vivía. Por su parte, Marcos le llama mujer sirofenicia por su origen y nos dice que era pagana, es decir, que no daba culto a Yavé, el Dios del pueblo judío.

Esta mujer pide a Jesús gritando: "¡Señor, hijo de David, ten compasión de mí! Mi hija está atormentada por un demonio" (Mt 15:22). Con seguridad esta mujer había oído hablar de Él, de los milagros que obraba, de las curaciones que realizaba y hasta de que algunos especulaban podría ser el Mesías tan esperado por los judíos. Con seguridad pensaba: "Ésta es mi oportunidad para lograr que un personaje de este calibre cure a mi hija poseída por un demonio".

Tan persistente es su ruego, que los discípulos le suplican a Jesús que le conceda lo que está pidiendo para que los deje en paz. Ante esto, Él responde: "No he sido enviado sino a las ovejas perdidas del pueblo de Israel" (Mt 15:24). Jesús quiere hacer énfasis en que su misión es primero reunir a todos los fieles del pueblo de Israel, a quien también llamamos pueblo judío. Por lo tanto era primordial cambiar los corazones de los miembros del pueblo judío para que luego fuesen ellos "una luz para las naciones, para que mi salvación llegue hasta el último extremo de la tierra" (Is 49:6).

Pero la mujer se empeña y ante la negativa de Jesús continúa insistiendo. Poniéndose de rodillas le suplica: "¡Señor, ayúdame!" (Mt 15,:25b). Jesús le contesta: "No se debe echar a los perros el pan de los hijos" (Mt 15:26). A los hombres y mujeres del siglo XXI, esta contestación de Jesús nos suena muy dura. Para comprender el por qué de sus palabras es necesario irnos al pasado.

El nombre de "cananea" con el cual Jesús la llama a esta mujer, tiene su origen en la antigua rivalidad existente entre el pueblo judío y sus vecinos de la tierra de Caná, quienes no adoraban a Yahvé, por lo cual eran considerados paganos. Y los judíos a los paganos les llamaban "perros". Decir que no está bien tomar el pan de los hijos y echárselo a los perritos, significaba, no está bien dar a los paganos, lo que en primera instancia le pertenece al pueblo judío.

A lo que la mujer responde: "Es verdad, Señor, pero también los perritos comen las migajas que caen de la mesa de sus amos" (Mt 15:27). Humildemente reconoce que las promesas mesiánicas fueron reservadas para el pueblo judío, pero sigue insistiendo, que le dé aunque sea las migajas de esas promesas. "Entonces Jesús le dijo: «Mujer, ¡qué grande es tu fe! Que se cumpla tu deseo». Y en aquel momento quedó sana su hija" (Mt 15:27).

¿Qué nos enseña esta historia sobre la fe y la perseverancia de una mujer no judía?

▶ Nos cuenta cómo Jesús le dice las palabras que todos queremos oír: que somos amados, que alguien ve y aprecia nuestra belleza interior y que no estamos solos a la hora de enfrentar nuestras dificultades y problemas.

▶ Nos recuerda que la oración debe salir de un corazón humilde, que no busca imponer a su antojo lo que quiere que Dios haga. Más bien, se sabe pequeño ante Jesús e indigno para recibir su auxilio. Pero inclusive desde esa humildad, confía en la misericordia de Jesús.

▶ Nos muestra a una mujer que confía totalmente en Jesús.

▶ Nos muestra cómo pone su confianza y esperanza en Dios, que sabe sacar "bienes", de lo que aparentemente son "males".

▶ Nos recuerda las palabras de Jesús sobre la oración: "Pidan y se les dará; busquen y hallarán; llamen y se les abrirá la puerta" (Mt 7:7).

▶ Nos muestra cómo hay que ser pacientes y perseverante sen la oración. Nuestro tiempo es diferente al tiempo de Dios. Nos dice el profeta Habacuc: "Espera su debido tiempo, pero se cumplirá al fin y no fallará; si se demora en llegar, espérala, pues vendrá ciertamente" (Hab 2:3).

- La actitud de esta mujer es un ejemplo de cómo es la oración de quien cree en Jesús.
- Nos muestra cómo nuestra oración debe estar sostenida por la fe en Jesús y una confianza absoluta en Él.
- Nos muestra cómo la mujer se arrodilla ante Jesús. Ésta es una postura de adoración y reverencia. Esto nos deja ver cómo ella reconocía en Jesús a alguien ante quien valía la pena doblar la rodilla.
- Nos muestra lo que el amor de una madre o de un padre, es capaz de hacer.
- Nos enseña la grandeza e importancia de la perseverancia. Esta mujer logró la curación de su hija porque perseveró en la oración.
- Nos muestra cómo vence la vergüenza, el "qué dirán," la cobardía, porque estaba convencida de que valía la pena insistir a Jesús que curase a su hija.
- No se desespera, no se cansa, no se turba, aunque esté importunando. Tanto los importunaba, que los discípulos llegan a decirle a Jesús que la atienda porque va gritando tras de ellos.
- Nos enseña lo que es la esperanza y la perseverancia. Aunque Jesús le dijo que vino primero para los miembros de la casa de Israel y ella era sirofenicia, la mujer perseveró en buscar el bien de su hija.
- Nos muestra la gran fe que tenía esta mujer. Vemos cómo Jesús la alaba por su fe.
- Nos muestra que tanto la mamá como la hija sufrían.
- Se nos muestra un verdadero intercambio de palabras, sentimientos e ideas entre Jesús y la mujer. Podemos decir que éste fue verdaderamente un encuentro entre dos personas, en el cual cada uno tenía sus objetivos muy claros.
- Vemos cómo Jesús conversa con los seres humanos de manera natural, ya que Él es verdadero Dios y verdadero hombre.

Perseverancia

162   Perseverancia en la fe.

2742   Perseverar en el amor.

Fe

151   Creer en Jesucristo, el Hijo de Dios.

153   La fe es una gracia.

154   La fe es un acto humano.

155   En la fe, la inteligencia y la voluntad cooperan con la gracia divina.

156   Creemos a causa de la autoridad de Dios.

158   La fe trata de comprender.

161   Necesidad de la fe.

166   Fe, respuesta libre del hombre a la iniciativa de Dios.

176   La fe es una adhesión personal del hombre entero a Dios.

178   No debemos de creer en ningún otro que no sea Dios.

179   La fe es un don sobrenatural de Dios.

180   Creer es un acto consciente y libre.

2113   La idolatría como tentación contra la fe.

Confianza

305   Dios cuida de las pequeñas necesidades de sus hijos.

308   Dios actúa en las obras de sus criaturas.

310   Dios en su sabiduría infinita creó un mundo en "estado de camino" hacia su perfección última.

2086   Confianza en Dios que es constante, inmutable, siempre el mismo, fiel e inclinado a siempre hacer el bien.

2119   La acción de "tentar" a Dios, incluye siempre una duda respecto a su amor y poder.

2547   El Señor lamenta que los ricos pongan su confianza en sus bienes.

2734   Confianza filial.

2756   La confianza filial se pone a prueba cuando creemos que nuestra oración no es escuchada.

2828   Confianza de los hijos que esperan todo del Padre: "Danos hoy el pan de cada día".

2836   Confianza en el hoy.

Cuestionario para la reflexión personal

▶ ¿Qué pienso del comportamiento de esta mujer no judía?

▶ ¿Sería yo capaz de hacer lo que hizo ella? ¿Me daría pena?

▶ ¿Qué aprendí del diálogo que se da entre Jesús y esta mujer?

▶ ¿Me he encontrado en una situación similar, en la que pido y pido y pido y parece que Jesús no me hace caso? ¿Cuándo y cómo fue? ¿Qué sucedió al final?

▶ Cuando alguna persona necesitada pide mi ayuda, ¿como quién respondo?, ¿como Jesús o como los discípulos?

▶ ¿Cómo respondo a aquellas personas que no me caen bien, que me molestan, que no les tengo paciencia?

▶ ¿Cómo respondo ante personas que constantemente requieren mi atención, que constantemente quieren que yo les haga las cosas? ¿Me desespero?

▶ ¿Qué tan persistente, constante e incansable soy en lo que me propongo?

▶ ¿Qué tan persistente, constante e incansable soy en la oración? ¿Me doy por vencido rápidamente?

▶ ¿Le he pedido a Jesús que me enseñe a orar como lo hizo uno de sus discípulos: "Señor, enséñanos a orar" (Lc 11:1).

Preguntas y actividades para realizar en grupo

▶ ¿Qué nos parece la forma de actuar de esta mujer?

▶ ¿Qué nos parece la manera en que actuó Jesús?

▶ ¿Cuál es la diferencia entre la manera que los discípulos reaccionaron ante esta mujer y la manera en que reaccionó Jesús?

▶ ¿Qué quiso decir santa Teresa de Ávila, cuando afirmó: "La humildad es la verdad"?

▶ San Pablo le escribe a los habitantes de Filipo: "Por eso Dios lo engrandeció y le dio el Nombre que está sobre todo nombre, para que al Nombre de Jesús se doble toda rodilla en los Cielos, en la tierra y entre los muertos, y toda lengua proclame que Cristo Jesús es el Señor, para gloria de Dios Padre" (Flp 2:9-11).

  ▷ ¿Qué nos quiere decir san Pablo cuando dice: "para que al Nombre de Jesús se doble toda rodilla en los Cielos, en la tierra" (Flp 2:20)?

▶ Esta mujer dijo a Jesús: "¡Señor, hijo de David, ten compasión de mí! Mi hija está atormentada por un demonio" (Mt 15:22)

  ▷ ¿Quién está sufriendo, la mamá, la hija o las dos? ¿Por qué?

▶ ¿Qué es la humildad? Buscar en el diccionario, en internet y comparar las diferentes definiciones. De acuerdo con estas definiciones, ¿por qué decimos que esta mujer fue humilde?

▶ Éste es un encuentro entre Jesús y la mujer. ¿Quién se salió con la suya: la mujer, Jesús o los dos?

▶ Benedicto XVI, en su homilía de la Vigilia de oración con los jóvenes en la Jornada Mundial de la Juventud de Madrid en 2011, dijo: "Queridos amigos, que ninguna adversidad los paralice. No tengan miedo al mundo, ni al futuro, ni a sus debilidades".

▷ ¿Esta frase nos anima?

▷ ¿Por qué dice que no tengamos miedo?

► El Salmo 91 busca darnos a entender que Dios nos cuida muchísimo. Los versículos 3 y 4 dicen: "Él te librará del lazo del cazador y del azote de la desgracia; te cubrirá con sus plumas y hallarás bajo sus alas un refugio"(Sal 91:3-4).

▷ ¿Qué sentimientos despiertan en mí estas palabras?

▷ ¿Me dan consuelo, seguridad, confort?

Propósitos prácticos

► Buscaré dedicar un tiempo a la oración. Sería conveniente poner un horario y encontrar un lugar adecuado.

► Cuando alguien se acerque a mí, buscando mi ayuda, buscando ser escuchado, buscando sentirse querido, me acordaré de este pasaje del Evangelio.

► Ayudaré a alguna persona que tenga un familiar enfermo.

► Cada vez que pueda, le diré a alguien que aprecio la bondad de su alma y de sus intentos por obrar bien.

► Pediré a Dios que me permita tener muy claro que Él es Creador y yo su creatura, y que Él me protege.

► Pondré todos los medios necesarios para perseverar en aquello que me haya propuesto.

► Cuando llegue a una iglesia me pondré de rodillas con todo respeto frente al sagrario.

► Cuando se me presente la ocasión en la que esté buscando hacer un bien, pero me este frenando el "qué dirán los demás", o me dé vergüenza, me acordaré de esta mujer y de su valentía.

► Haré de mi oración un intercambio de amor con Jesús.

► Me acordaré de las palabras de santa Teresa de Ávila: "La humildad es la verdad".

Oración

Quince minutos en compañía de Jesús Sacramentado

"No es preciso, hijo mío, saber mucho para agradarme mucho; basta que me ames con fervor.

Háblame, pues, aquí sencillamente, como hablarías a tu madre, a tu hermano.

¿Necesitas hacerme en favor de alguien una súplica cualquiera?

Dime su nombre, bien sea el de tus padres, bien el de tus hermanos y amigos; dime en seguida qué quisieras que hiciese actualmente por ellos.

Pide mucho, mucho, no vaciles en pedir; me gustan los corazones generosos que llegan a olvidarse en cierto modo de sí mismos, para atender a las necesidades ajenas.

Háblame así, con sencillez, con llaneza, de los pobres a quienes quisieras consolar,

de los enfermos a quienes ves padecer, de los extraviados que anhelas volver al buen camino,

de los amigos ausentes que quisieras ver otra vez a tu lado.

Dime por todos una palabra de amigo, palabra entrañable y fervorosa.

Recuérdame que he prometido escuchar toda súplica que salga del corazón;

y ¿no ha de salir del corazón el ruego que me dirijas por aquellos que tu corazón especialmente ama?

Y para ti, ¿no necesitas alguna gracia?

Hazme, si quieres, una lista de tus necesidades, y ven, léela en mi presencia.

Dime francamente que sientes soberbia, amor a la sensualidad y al regalo; que eres tal vez egoísta, inconstante, negligente... ;

y pídeme luego que venga en ayuda de los esfuerzos, pocos o muchos, que haces para quitar de ti tales miserias.

No te avergüences, ¡pobre alma! ¡Hay en el Cielo tantos justos, tantos santos de primer orden, que tuvieron esos mismos defectos!

Pero rogaron con humildad... ; y poco a poco se vieron libres de ellos.

Ni menos vaciles en pedirme bienes espirituales y corporales: salud, memoria, éxito feliz en tus trabajos, negocios o estudios; todo eso puedo darte, y lo doy, y deseo que me lo pidas en cuanto no se oponga, antes favorezca y ayude a tu santificación.

Hoy por hoy, ¿qué necesitas?, ¿qué puedo hacer por tu bien?

¡Si supieras los deseos que tengo de favorecerte! [...]

¿Y por mí? ¿No sientes deseos de mi gloria? ¿No quisieras poder hacer algún bien a tus prójimos, a tus amigos, a quienes amas mucho, y que viven quizás olvidados de mí?

¿Y no tienes tal vez alegría alguna que comunicarme? ¿Por qué no me haces partícipe de ella como a un buen amigo?

Cuéntame lo que desde ayer, desde la última visita que me hiciste, ha consolado y hecho como sonreír tu corazón. [...]

Obra mía es todo esto, y yo te lo he proporcionado, [...] decirme sencillamente, como un hijo a su padre:

«¡Gracias, Padre mío, gracias!». El agradecimiento trae consigo nuevos beneficios, porque al bienhechor le gusta verse correspondido.

¿Tampoco tienes promesa alguna para hacerme? [...]

Leo, ya lo sabes, en el fondo de tu corazón. [...]. Háblame, pues, con toda sinceridad. ¿Tienes firme resolución de no exponerte ya más a aquella ocasión de pecado? [...] ¿De no tratar más aquella persona que turbó la paz de tu alma?

¿Volverás a ser dulce, amable y condescendiente con aquella otra a quien, por haberte faltado, has mirado hasta hoy como enemiga?

Ahora bien, hijo mío; vuelve a tus ocupaciones habituales, al taller, a la familia, al estudio...; pero no olvides los quince minutos de grata conversación que hemos tenido aquí los dos [...].

Ama a mi Madre, que lo es también tuya, la Virgen santísima, y vuelve otra vez mañana con el corazón más amoroso, más entregado a mi servicio.

En mi Corazón encontrarás cada día nuevo amor, nuevos beneficios, nuevos consuelos".

ADAPTADO DE "QUINCE MINUTOS CON JESÚS SACRAMENTADO".